Gerald Hänel *startete von Hamburg aus in die Pfalz. Besonders schätzte der Reisefotograf, wie unkompliziert sich die Arbeit vor Ort dank der Freundlichkeit der Pfälzer gestaltete.*

Die Pfalz und die Autorin ***Cornelia Tomaschko*** *trennt nur der Rhein. Ideale Bedingungen, um sich am Wochenende zwischen Wald und Reben zu erholen und ständig Neues in Natur und Kultur zu entdecken.*

Liebe Leserinnen, liebe Leser!

Jedes Jahr Mitte März dasselbe Spiel, ich schaue ganz regelmäßig auf die Webseite von mandelbluete-pfalz.de, um mich über den aktuellen Stand der Blüte zu informieren. Ca. zwei Wochen früher als andernorts hält der Frühling Einzug in die Pfalz. Grund genug für eine Fahrt in den vom Klima begünstigten Landstrich, der sich dann in ein rosa Blütenkleid hüllt. Wer von den »rosa Zeiten« gar nicht genug bekommen kann, absolviere den 77 km langen Mandelpfad von Bad Dürkheim bis Schweigen an der Grenze zum Elsass. Er führt an Tausenden von Mandelbäumen vorbei und ermöglicht immer wieder herrliche Ausblicke ins Land.

Unterwegs zwischen Wald und Reben

Aber es gibt im Jahresverlauf viele weitere gute Gründe für einen Abstecher oder längeren Aufenthalt in der Pfalz. Die langen Tage im Sommer sind wie gemacht für ausgedehnte Touren, bei denen immer auch der Genuss eine große Rolle spielt. Es gibt nichts Herrlicheres als in einem tollen Aussichtslokal in die Ferne zu schauen und dabei die gute Pfälzer Küche und die hervorragenden Weine zu kosten. Die besten Adressen verraten wir Ihnen auf S. 78 f. Hat man sich sattgesehen an dem grandiosen Panorama, lockt am Abend in den romantischen Weindörfern ganz bestimmt noch irgendwo ein Weinfest, wo man mit den Pfälzern meist ganz leicht ins Gespräch kommt.

Die Pfalz hat immer Saison

Der Herbst, wenn die Trauben geerntet werden, die Kastanien vom Baum fallen und die Wetterlage häufig stabil ist, ist die große Zeit der Region. Alles konzentriert sich auf die Lese, wird es ein guter Jahrgang? Sobald sich das Laub leicht färbt, machen Wanderungen auf dem Pfälzer Weinsteig und auch im Pfälzerwald (s. S. 122) noch mehr Spaß. Aber selbst im Winter gibt es gute Anlässe für eine Fahrt in die Pfalz – die schönsten Gründe für Touren in die Region stellen wir Ihnen auf S. 22 f. vor.

Herzlich

Ihre

Birgit Borowski

Birgit Borowski
Programmleiterin DuMont Bildatlas

42 Nicht nur in den Abendstunden strahlt der Marktplatz in Neustadt an der Weinstraße viel Flair aus.

56 Kathrin Otte vom Weingut Mehling in Deidesheim prüft genau, welche Trauben ins Fass dürfen.

Impressionen

Rheinebene

Nördliche Weinstraße

50 Die Pfalz wird rosa, wenn im Frühling die Mandelbäume blühen.

Südliche Weinstraße

UNSERE FAVORITEN

BEST OF ...

24 Kunst und Künstler aller Sparten spielen in der Pfalz eine große Rolle – in Speyer wie anderswo.

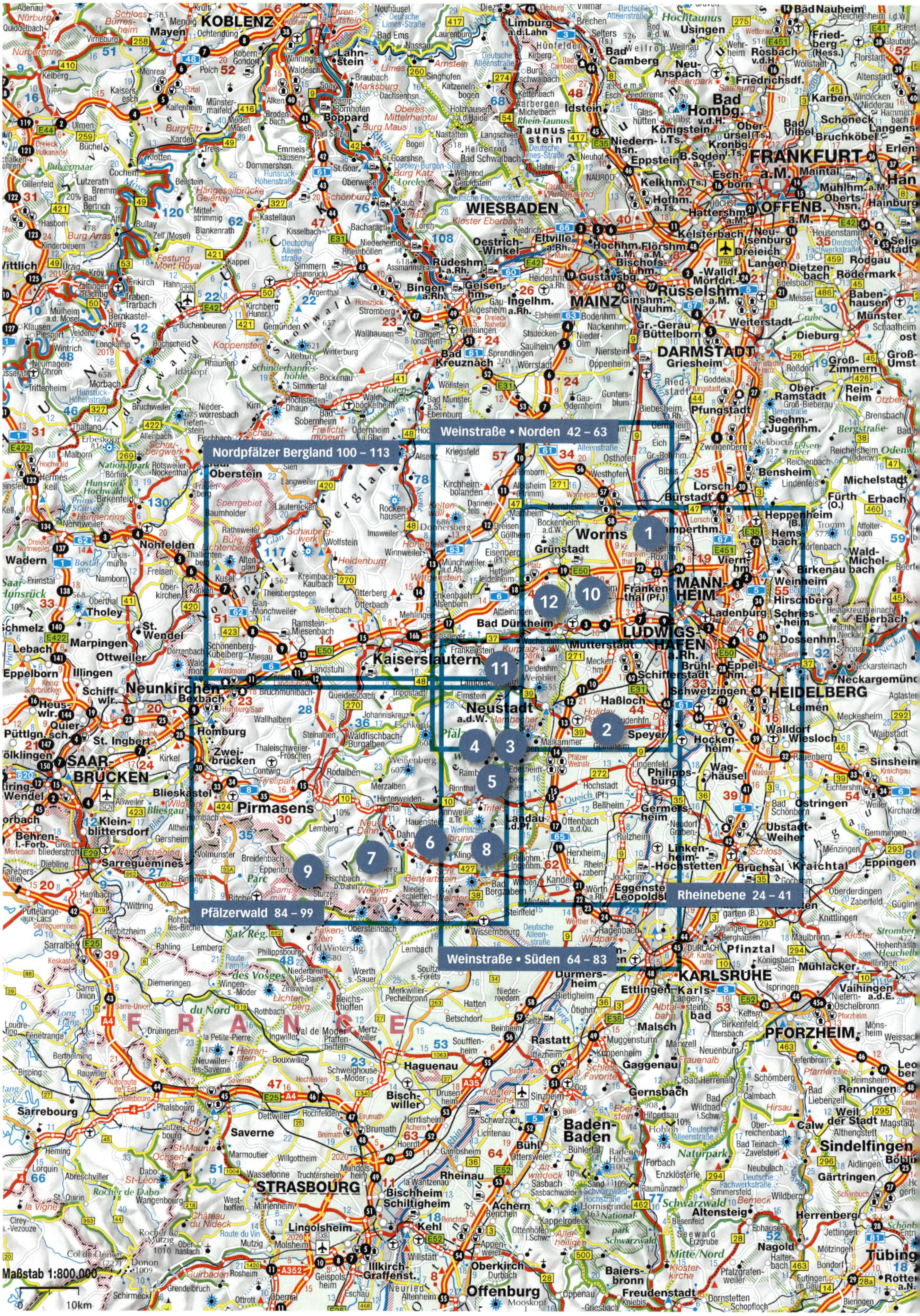
Nordpfälzer Bergland 100 – 113
Weinstraße • Norden 42 – 63
Rheinebene 24 – 41
Weinstraße • Süden 64 – 83
Pfälzerwald 84 – 99
1
2
3
4
5
6
7
8
9
10
11
12
KOBLENZ
WIESBADEN
MAINZ
FRANKFURT a.M.
DARMSTADT
Worms
MANNHEIM
LUDWIGSHAFEN
HEIDELBERG
Kaiserslautern
Neustadt a.d.W.
Speyer
Landau i.d.Pf.
Pirmasens
SAARBRÜCKEN
KARLSRUHE
PFORZHEIM
STRASBOURG
Offenburg
Baden-Baden
F R A N C E
Maßstab 1:800.000
10km

Topziele

Die bedeutendsten Sehenswürdigkeiten und Erlebnisse, die keinesfalls versäumt werden sollten, haben wir auf dieser Seite zusammengestellt. Auf den Infoseiten sind sie jeweils als **TOPZIEL** *gekennzeichnet.*

KULTUR

NATUR

ERLEBEN

Früher in den Frühling

Rosa gerahmt ist der Blick auf Birkweiler: In warmen Jahren setzt die Mandelblüte in der Pfalz bereits Mitte März ein und verzaubert die Natur bis Ende April. Mit der Blüte beginnen auch die Weinfeste, allen voran das Mandelblütenfest in Gimmeldingen, dessen Termin sich nach dem Stand der Blüte richtet. In diesen Blütenwochen werden die rosa Zeiten in den Abend hinein verlängert. Historische Gebäude entlang der Weinstraße wie das Hambacher Schloss erstrahlen mit Einbruch der Dunkelheit in rosa.

Weine von hoher Qualität

Es braucht nicht viel, um glücklich zu sein. Die Pfälzer feiern gern, vor allem den Wein, und dazu reicht manchmal ein Tisch zwischen den Rebstöcken. Und sie haben allen Grund, ihren Wein zu feiern, denn die Qualität wird auch jenseits von Deidesheim und anderen renommierten Lagen von Jahr zu Jahr besser. Junge Winzer bringen Reben und Boden sensibel in Einklang und erregen mit ihren Weinen auch in der Fachwelt die verdiente Aufmerksamkeit.

Weltkulturerbe am Rhein

Eine lange Geschichte hat Speyer, das bereits die Römer kannten. Die Bedeutung der Stadt im Mittelalter ist noch heute im Dom sichtbar, Grablege für Kaiser und Könige, Weltkulturerbe und größter romanischer Kirchenbau weltweit. Umgeben von einer quirligen Altstadt mit gemütlichen Weinstuben, attraktiven Einkaufsmöglichkeiten und interessanten Museen für die ganze Familie. Abends wird es lauschiger, wenn jenseits der Sonnenbrücke Dom und Fachwerkgasthaus in freundlichem Licht erstrahlen.

VC

Das Leben genießen

Immer wieder tauchen Zahlen auf, wie viele Weinfeste in der Pfalz gefeiert werden. So genau weiß es eigentlich keiner, sicher ist nur, dass fast an jedem Wochenende irgendwo Tische und Bänke für Gäste aufgebaut sind. Manchmal weniger, manchmal mehr wie beim Dürkheimer Wurstmarkt oder beim Billigheimer Purzelmarkt (Abb.), dem ältesten Volksfest der Pfalz. Typisch für alle Feste ist, dass man sich stundenlang angeregt mit Menschen unterhalten kann, die man morgens noch gar nicht kannte.

Ein Wald für alle

Der Pfälzerwald ist ein Paradies für Mountainbiker mit zahlreichen Trails unterschiedlicher Schwierigkeitsgrade, aber auch für ganz gemütliche Radler und E-Biker oder natürlich für Wanderer. Sie alle treffen sich in den Hütten des Pfälzerwaldvereins, die ehrenamtlich – und deshalb meist nur an Wochenenden – von den Mitgliedern des Vereins betreut werden. Pfälzer Spezialitäten und eine Weinschorle im Dubbeglas belohnen für alle Anstrengungen. Und manchmal gibt es eine gigantische Aussicht gratis dazu.

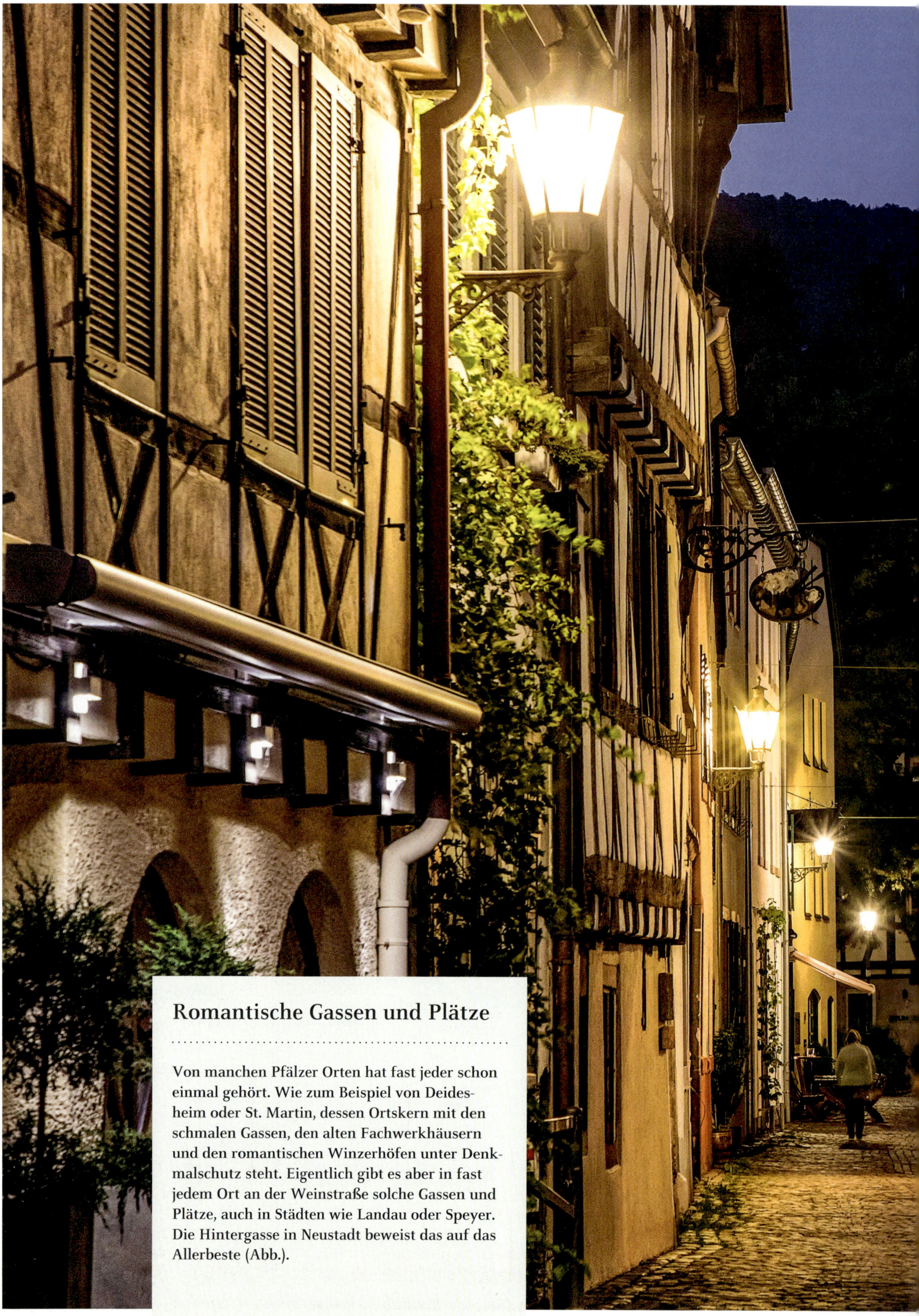

Romantische Gassen und Plätze

Von manchen Pfälzer Orten hat fast jeder schon einmal gehört. Wie zum Beispiel von Deidesheim oder St. Martin, dessen Ortskern mit den schmalen Gassen, den alten Fachwerkhäusern und den romantischen Winzerhöfen unter Denkmalschutz steht. Eigentlich gibt es aber in fast jedem Ort an der Weinstraße solche Gassen und Plätze, auch in Städten wie Landau oder Speyer. Die Hintergasse in Neustadt beweist das auf das Allerbeste (Abb.).

GUINNESS
NoVALIS
JEVER
BACK
BLECH

Bizarre Felslandschaft

Im Wasgau, vor allem rund um Dahn, ragen bizarre Felsformationen aus dem unendlich scheinenden Pfälzerwald heraus. Auf manchen stehen Burgruinen, die zeigen, wie stark dieses Gebiet im Mittelalter besiedelt war. Man muss nicht unbedingt Kletterkünstler sein, um die Felsen zu bezwingen, auf manche führen auch gut begehbare Wanderwege, die teilweise die Grenze nach Frankreich überqueren, ohne dass es die Wanderer bemerken. Die grandiose Fernsicht wie hier von der Wegelnburg belohnt für jede Anstrengung.

BORA

Das Beste der Jahreszeiten

Die Pfalz hat immer Saison

Nicht nur im Herbst, wenn die Trauben geerntet werden, die Kastanien vom Baum fallen und die Wetterlagen stabil sind – auch zu den anderen Jahreszeiten bieten die Pfalz und die Pfälzer ihren Gästen Schönes, Überraschendes und Skurriles.

1 Ganz in Rosa

Wer sich etwas Gutes tun will, sollte im Frühjahr an die Weinstraße fahren. Dann blühen die Mandelbäume in verschiedenen Rosatönen und bezaubern jeden. Das rosa Leuchten wird in die Dunkelheit hinein verlängert, wenn Gebäude wie das Hambacher Schloss und die Villa Ludwigshöhe in rosafarbenes Licht getaucht werden. Nicht zu lange warten, schon im März blühen die Bäume. Dann beginnen auch geführte Wanderungen durch die Mandelhaine und die Feste zur Mandelblüte.

Wann gefeiert wird, richtet sich nach dem Stand der Blüte. Näheres unter mandelbluetenfest.de und mandelbluete-pfalz.de

2 Feiern und Verkosten

Weinfeste feiern die Pfälzer praktisch ganzjährig. Besonders schön sind die Feste im Sommer, wenn man bis in die Nacht hinein unter freiem Himmel sitzen kann, ein Schoppenglas in der Hand und mit Menschen redet, als ob man sie seit Jahren kennen würde und sie dennoch vor einer Stunde das erste Mal gesehen hat. Dabei teilen sich die Pfälzer auch schon mal ein Dubbeglas zu mehreren. Das hat den Vorteil, dass der Wein nicht warm wird und jeder mal die Chance bekommt, Nachschub zu holen. Und wenn man mal einen geselligen Ort während der Woche sucht, bieten die zahlreichen Gutsausschänke entlang und vor allem auch etwas abseits der Weinstraße eine gute Alternative. Vielleicht entdeckt man dabei ja seinen Lieblingswinzer.

Infos zu Weinfesten unter pfalz-weinfeste.de. Bei pfalz.de kann man „Die Pfalz feiert" bestellen, eine Übersicht aller Festtermine. Dort gibt es auch einen Prospekt über die Vinotheken der Pfalz.

3 Zum Abkühlen

Wer mal so richtig kalt duschen möchte, sollte sich auf den Weg nach Gleisweiler machen. Die Walddusche im Hainbachtal, angeblich die einzige ihrer Art noch in Deutschland, kühlt mit einer Wassertemperatur zwischen 8 und 12 Grad an heißen Sommertagen jeden ab. Da ist der naturnahe Gelterswoog bei Kaiserslautern doch noch ein bisschen wärmer. Roter Sandstrand und weitläufige Liegewiesen umrahmen das idyllische Strandbad. Beim Seehof nahe Erlenbach im Dahner Felsenland reichen die Bäume bis an den See heran. Am südlichen Teil gibt es einen Sandstrand mit Liegewiese.

Informationen zu den Badeseen unter pfalz.de oder badeseen.rlp.de

4 Temperierter Rotwein

Kaum hat das neue Jahr begonnen, dreht sich schon wieder alles um den Wein. Genauer um den Rotwein. In Freinsheim und in Landau-Nußdorf steht er am letzten Wochenende im Januar im Mittelpunkt. Nicht in der warmen Weinstube, nein, im kalten Weinberg. In Nußdorf schlagen die Winzer ihre Zelte entlang des Weinerlebniswegs auf, in Freinsheim wandert man auf dem Weinwanderweg von Stand zu Stand, freitagabends auch mit Fackeln. Zu essen gibt es vor allem Deftiges, falls es der Wein alleine nicht schafft, die Wanderer zu wärmen.

Streckenpläne unter landau-nussdorf.de für das „Erlebnis in Rot" und unter stadt-freinsheim.de für die „Rotweinwanderung"

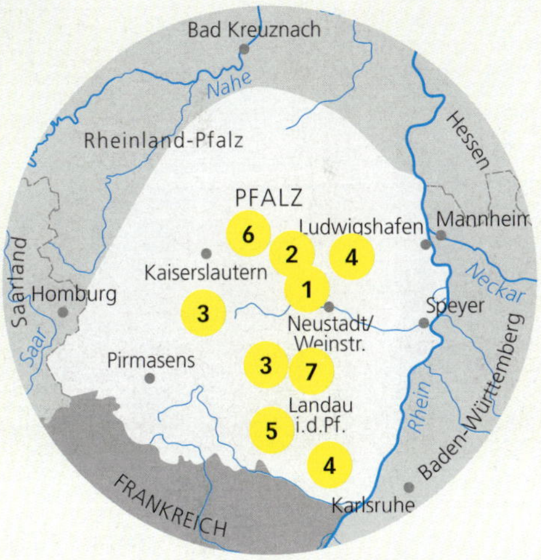

6 Kerzen im Wald

In fast jedem größeren Ort der Pfalz öffnen in der Vorweihnachtszeit Buden mit Geschenkartikeln, Glühwein und Bratwürsten. Tannenbäume stehen als Schmuck an den Hausecken und vor den Kirchen. In Johanniskreuz, im Herzen des Pfälzerwalds, wird am dritten Adventswochenende rund um das Haus der Nachhaltigkeit Waldweihnacht gefeiert. Neben den obligatorischen Buden flackern Lagerfeuer, Blechbläser und Alphörner bringen Musik in den Wald.

Infos beim Haus der Nachhaltigkeit, Johanniskreuz 1a, 67705 Trippstadt, Tel. 06306 9 21 01 30, hdn-pfalz.de

5 Zu Zeiten der Keschde

So wie im Frühling die Mandeln das (Fest-)Leben in der Pfalz bestimmen, sind es im Herbst die Kastanien, dort auch „Keschde" genannt. Während der Kastanientage von Anfang Oktober bis Mitte November sind sie überall zu finden, nicht nur in stacheligen Igeln auf dem weichen Waldboden. In den Weinstuben gibt es Feldsalat mit Kastanien, Saumagen mit Kastanien, Bratwürste mit Keschde, Rumpsteaks unter Keschdekruste und noch vieles mehr. In Annweiler, Edenkoben und Hauenstein werden der Kastanie zu Ehren Feste gefeiert, jedes Wochenende an einem anderen Ort. Besonders gut schmecken die Kastaniengerichte nach einer Wanderung auf dem Keschdeweg von Hauenstein über Annweiler und Maikammer bis Neustadt an der Weinstraße. 60 Kilometer kann man unter dem Zeichen der Kastanie wandern.

Infos zu Festen und Wanderungen unter keschdeweg.de

7 Scharnier muss sein

Karneval im September? Mancher, der zufällig am ersten Septemberwochenende in Maikammer ist, reibt sich verwundert die Augen. Verkleidete Menschen allerorten, neben oder unter sich ein Rad aus vergangen geglaubten Zeiten. Der Klapprad-Cup auf die Kalmit bei Maikammer steht jedes Jahr unter einem bestimmten Motto, nach dem sich die Teilnehmer verkleiden. Teilnehmen dürfen definitiv nur Fahrräder mit Scharnier und ohne Gänge, also die Ur-Klappräder aus den 1960er- und 1970er-Jahren, unstabil, unergonomisch und nur mit viel Strampeln auf die 673 Meter hohe Kalmit zu bewegen. Nicht teilnehmen dürfen moderne Falträder, die es fast schon mit einem Trekkingrad aufnehmen können. Trainiert wird schon Wochen zuvor an der Kalmit oder woher die Teilnehmer eben so kommen. Eine Riesengaudi, als Abschluss natürlich mit einem Fest für Teilnehmer und Zuschauer.

Termin und Motto unter kalmit-klapprad-cup.de

Bodenschätze aus alten Zeiten

Ob man nun vom Riesling zum Zander radelt oder den Kraut-und-Rüben-Weg nimmt, in der pfälzischen Rheinebene ist man nie nur landwirtschaftlich unterwegs. Überall fährt man über historischen Boden, an Überresten der Römerzeit vorbei, zu bedeutenden Kirchen des Mittelalters oder tiefgreifenden technischen Veränderungen wie die Rheinbegradigung durch Tulla.

Der Speyerer Dom, heute die größte romanische Kirche weltweit, ist die Grablege von Kaisern, Kaiserinnen und Königen.

Da, wo die Pfalz am Rhein liegt, können dank der guten klimatischen Verhältnisse Spargel und Kartoffeln früher geerntet werden als anderswo. Ganzjährig werden mehr als 80 Sorten Gemüse und Salate angebaut. Direktvertrieb am Straßenrand bringt gute Einkünfte, aber auch auf den Wochenmärkten der Region ist Gemüse aus der Pfalz begehrt. Ein sehr einträglicher Zweig der Landwirtschaft war lange der Tabakanbau, doch geraucht wird eben nicht mehr so viel. Wegen der verkehrsgünstigen Lage haben sich aber auch Unternehmen angesiedelt. So ist beispielsweise die Daimler AG mit gleich zwei Standorten und damit als Arbeitgeber für rund 15 000 Menschen vertreten, dem weltweit größten LKW-Montagewerk in Wörth und dem größten Lager für Autoersatzteile auf der Insel Grün in Germersheim.

Zauberhafter Altrhein

Weit entfernt von just-in-time-Vorgaben fließen die Altrheinarme in aller Stille um die Insel Grün herum. Geschaffen hat diese Gewässer der Ingenieur Johann Gottfried Tulla, als er im 19. Jahrhundert den Rhein begradigte, indem er Durchstiche zwischen den Rheinschleifen graben ließ. Seitdem ist der Strom 81 Kilometer kürzer. Da sich durch die Begradigung auch die Fließgeschwindigkeit des Wassers erhöhte, erreichen die Schiffe aus Basel nun deutlich schneller Rotterdam und damit den Weltmarkt. In der Abgeschiedenheit der Altrheinarme dagegen konnten sich in aller Ruhe Flora und Fauna entwickeln. Heute ist die Auenlandschaft ein bedeutendes Naherholungsgebiet und steht weitgehend unter Natur- und Landschaftsschutz. Wer Ruhe sucht, ist dort am richtigen Platz, sei es bei einer Wanderung entlang des Wassers oder bei einer Fahrt mit dem Nachen auf dem Wasser.

„Römerscherwe" im Acker

Rhein und Rheintal waren schon für die Römer von strategischer Bedeutung. Sie

Der Dom St. Peter in Worms ist der kleinste der drei Kaiserdome am Rhein (oben). Spannende Ausstellungen zeigt das Kunstmuseum Heylshof (unten).

Der barocke Hochaltar von Balthasar Neumann stammt aus der Zeit des Wiederaufbaus des Wormser Doms im Jahr 1689. Die Blattgoldbeschichtung des Hochaltars soll zum größten Teil noch original sein (oben).

Der Friedhof „Heiliger Sand" ist der älteste jüdische Friedhof in Europa und Zeugnis für die religiöse Toleranz der Wormser Bürger (links).

bauten vermutlich bereits 15 v. Chr. die Rheintalstraße, die über Rheinzabern, Germersheim, Speyer und Worms weiter nach Mainz und Köln führte. Im Bienwald im Süden der pfälzischen Rheinebene sind noch Teilstücke zu finden, während in den landwirtschaftlich genutzten Flächen vermutlich im wahren Sinne des Wortes alles untergepflügt wurde, nachdem die nutzbaren Steine in den Häusern und Gärten verbaut worden waren. Nach und nach kommen die Überreste römischen Lebens in der Rheinebene aber wieder ans Tageslicht. Die „Römerscherwe“, wie die Pfälzer die archäologischen Kostbarkeiten nennen, arbeiteten sich in Rheinzabern besonders zahlreich an die Oberfläche. Schwer vorzustellen, dass dieser beschauliche Ort um 200, 300 n. Chr. das größte römische Produktionszentrum für Keramik nördlich der Alpen war. Im Museum und bei den Brennöfen kann man sich aber schon in diese Zeit hineinspüren.

Schatz der Barbaren

Wenig Einfühlungsvermögen zeigten jene Schatzsucher, die 2013 mit ihren Metalldetektoren den „Barbarenschatz von Rülzheim“ aufspürten, allen voran „Sonden-Bennie“. Er erkannte sofort, dass es sich bei den ausgegrabenen Silberteilen und Goldapplikationen um etwas ganz Großartiges handeln musste, und präsentierte seinen Fund aller Welt im Internet. Und damit auch der Polizei. Sie stellte den Schatz mit dem Schwarzmarktwert eines einstelligen Millionenbetrags sicher und übergab ihn dem Land Rheinland-Pfalz. Wie Spurensicherer im Krimi versuchten die Archäologen, an der Fundstelle weitere Hinweise auf die Herkunft des Schatzes zu finden, doch die Raubgräber waren allzu „barbarisch“ ans Werk gegangen. Dennoch sind mit „Barbaren“ nicht jene jungen Männer gemeint, sondern die Hunnen, die die Römer als Barbaren bezeichneten. Die Fundstücke, darunter Reste eines einzigartigen Reiseklappstuhls, stammen mit ziemlicher Sicherheit aus der

Oben: Das Altpörtel war einst das westliche Stadttor Speyers. An der Ost- und Westseite der Fassade sind je zwei Zifferblätter angebracht, das große Zifferblatt zeigt die Stunden an, das kleine die Viertelstunden.

Unten: Im Technik Museum Speyer ist Europas größte Raumfahrtausstellung zu sehen, aber auch historische Dampfloks, U-Boote, Flugzeuge, mechanische Musikinstrumente und weitere technische Errungenschaften.

Viel Platz ist meist nicht in den urgemütlichen Weinstuben wie hier im Rabennest in Speyer. Weil die Gäste gern ein bisschen zusammenrücken, passt es dann doch.

Im Sommer spielt sich das Leben in Speyer vor allem draußen ab. Die Maximilianstraße bietet viel Abwechslung – die Ausstellung Odyssey zeigte Holzskulpturen von Robert Koenig.

Vom Speyerer Dom zum Rhein führen ein kleiner Park und romantische Gassen. Wer will, kann zu einer Bootsfahrt starten.

Die Aussichtsplattform in 60 m Höhe können Besucher des Speyerer Doms mit einem Turmführer besteigen.

Zeit um 450 n. Chr., als die Burgunden in der Rheinregion bei Worms herrschten. Also Teil des sagenhaften Nibelungenschatzes? Wohl eher nicht, dieser ist vermutlich mehr Sage denn Realität.

Nibelungen in Worms

Gleich ob Sage oder Mythos, Siegfried, Krimhild, Brünhild, Gunther, Hagen von Tronje und die anderen Nibelungen sind in Worms, dem einstigen Zentrum des Burgundenreiches, nach wie vor sehr gegenwärtig. In der alten Stadtmauer begegnet man ihnen und ihrer Geschichte in zwei eindrucksvollen Türmen. Man braucht Zeit, bis man sich im „Sehturm" durch Mythos und Rezeption gearbeitet hat, doch die multimediale Präsentation ist alles andere als langweilig. Und wer oben angekommen ist, genießt einen gigantischen Blick über die Rheinebene und auf die alte Kaiserstadt Worms, geprägt vom Dom auf dem höchsten Punkt der Stadt. Das Nordportal, an dem sich Brünhild und Krimhild gestritten haben sollen, welcher ihrer Ehemänner der Ranghöhere sei und wer von ihnen deshalb als erste die Kirche betreten dürfe, wurde 1689 zerstört, aber die Nibelungen sind in Worms unsterblich. Jedes Jahr im August stehen sie bei den gleichnamigen Festspielen auf der Freilichtbühne neben dem Dom.

Religiöse Toleranz

Der Dom ist eines der zahlreichen Zeugnisse der religiösen Toleranz in Worms. Juden, Katholiken, Protestanten – alle haben eine Heimat in der uralten Stadt am Rhein. Der Friedhof „Heiliger Sand" ist der älteste jüdische Friedhof in Europa und fasziniert mit seinen verwitterten Grabsteinen und uralten Bäumen Menschen, gleich woran sie glauben. Der Dom, neben Mainz und Speyer der kleinste der drei Kaiserdome am Rhein, war und ist Zentrum der Katholiken. 1517 wurde deren religiöses Leben ordentlich durcheinander gewirbelt, als Martin Luther mit seinen Thesen zur Erneuerung der Kirche an die Öffentlichkeit trat. Im Jahr 1521 sollte sich Luther beim Reichstag in Worms von seinen Gedanken wieder distanzieren. Wer nach einem Besuch des Doms mit dem barocken Hochaltar von Balthasar Neumann ein wenig Zeit in der nicht weit entfernten Magnuskirche mit ihrer großen Schlichtheit verbringt, erlebt den Unterschied zwischen einer katholischen und einer evangelischen Kirche.

Weltkulturerbe in Speyer

Zum Bummeln und Flanieren bevorzugen Einheimische wie Gäste Speyer. Dort gibt es zwar auch kulturelle Highlights auf Schritt und Tritt, aber eben

Auf der Bronzetür des Hauptportals am Dom zu Speyer ist die biblische Heilsgeschichte in 25 Hochreliefs dargestellt.

Der goldene Hut von Schifferstadt im Historischen Museum Speyer

Blick nach Osten im Dom zu Speyer, wo der Kirchenbau mit dem Chor und dem Hauptaltar begonnen wurde, um diese Teile möglichst früh nutzen zu können.

Tabakblätter werden zwar auch heute noch in der Pfalz geerntet, aber bei weitem nicht mehr so viele wie im 19. und in der ersten Hälfte des 20. Jahrhunderts.

Wunderschön blühen die Tabakpflanzen, allerdings nicht lange. Die Blüten werden abgeschnitten, um die Nährstoffe ausschließlich den Blättern zuzuführen.

Nach der Ernte müssen die Tabakblätter getrocknet werden. Dazu werden sie auf Schnüre aufgefädelt und in den Tabakschuppen für zwei bis drei Monate aufgehängt, erklärt Tabakbauer Matthias Detzel aus Herxheim.

Im Fun Forest Kletterpark in Kandel findet jeder den passenden Parcours, sogar schon Drei- bis Sechsjährige.

Naturbadeseen bringen schnell erfrischende Abkühlung an heißen Sommertagen.

Special

Tabakanbau

Der Rauch hat sich verzogen

Ein Pfarrer war es, der 1573 in seinem Garten in Hatzenbühl erstmals Tabaksamen säte und damit die Menschen der Region für lange Zeit mit einem sehr guten Einkommen segnete.

Schon kleine Anbauflächen reichten bis in die zweite Hälfte des 20. Jahrhunderts aus, um mit Tabak viel Geld zu verdienen. Zeichen dieses Wohlstands sind die zahlreichen Tabakschuppen, die an den Ortsrändern von Hatzenbühl, Herxheim und Hayna stehen. Manchmal bauten die Bauern die Schuppen auch mitten im Dorf an Wohnhäuser oder Ställe an. Die Trocknung ist eine sensible und wichtige Phase der Tabakproduktion, weshalb Ende des 18. und Anfang des 19. Jahrhunderts diese speziellen Holzhäuser mit guter Durchlüftung gebaut wurden. Heute haben die meisten der „Duwakschoppen", wie der Pfälzer sagt, eher touristische Bedeutung oder eine neue Verwendung gefunden wie einer der ältesten erhaltenen Tabakschuppen in Harthausen, der jetzt Gemeindezentrum ist.

Für Liebhaber gibt es die Pfalzzigarre noch.

In Herxheim bauen heute noch fünf Betriebe Tabak an, deren Endprodukte man im dortigen Rathaus erwerben kann. Gesünder ist sicherlich die Tabaktour, ein 35 Kilometer langer Radweg, oder der zwei Kilometer lange Tabakrundweg um Hatzenbühl, wo im 16. Jahrhundert alles begann.

auch jede Menge Cafés, Weinstuben und Geschäfte. Die Maximilianstraße, die vom Dom zum Altpörtel führt, bildet die prachtvolle Hauptachse der Stadt. In den benachbarten Gassen findet sich manche Besonderheit wie das Elwedritsche-Museum. Elwedritsche? Keiner hat sie je gesehen, meist werden sie als vogelähnliche Fabelwesen dargestellt, aber nach mehreren Schoppen in der Weinstube nimmt jeder seine eigene schillernde Kreation in Gedanken mit nach Hause.

Mehr als 50000 Menschen leben heute in Speyer, etwa 500 waren es, als zwischen 1024 und 1061 der Dom erbaut wurde. Der salische Kaiser Konrad II. wollte die größte Kirche seiner Zeit errichten, was ihm auch nachhaltig gelungen ist. Auch heute noch ist der Speyerer Dom die größte romanische Kirche weltweit. Einer der Gründe für die UNESCO, ihn 1981 zum Weltkulturerbe zu erheben. Auch die Grablege von Kaisern, Kaiserinnen und Königen macht den Speyerer Dom zu einem besonderen historischen Ort. 1039 war Konrad II. der erste Herrscher, der im noch nicht fertigen Dom bestattet wurde. Seit die Gräber der mittelalterlichen Herrscher zu Beginn des 20. Jahrhunderts geöffnet und untersucht wurden, sind die Grabbeigaben im benachbarten Historischen Museum der Pfalz im Domschatz ausgestellt.

GESCHICHTE

Spannende Vergangenheit

In den undurchdringlichen Pfälzerwald wagten sich die frühen Siedler noch nicht. Die Rheinebene dagegen war Anziehungspunkt für Steinzeitmenschen, Kelten, Römer, Germanen und die mittelalterlichen Herrscher. Und sie hinterließen so manches Geheimnis.

Auf den Spuren römischer Geschichte im modernen Terra-Sigillata-Museum in Rheinzabern.

Für Archäologen ist die Rheinebene ein so spannendes wie irritierendes Gebiet. Zerschlagene Schädel, Knochen mit Beißspuren, reich verzierte Prunkgefäße und Tierknochen, alles in langen Gruben deponiert, dieses Sammelsurium entdeckten die Wissenschaftler bei Grabungen in Herxheim. Was war da vor 7000 Jahren geschehen? Opferrituale? Massenmord? Kannibalismus? Da die gefundenen Gefäße teilweise aus bis zu 400 Kilometer Entfernung stammen, liegt die Vermutung nahe, dass die Toten von weit her kamen. Woher? Auf diese Frage sollen Zahnuntersuchungen Antwort geben. Warum? Die Frage wird die Forscher noch eine Weile beschäftigen.

Römisches Keramikzentrum

Klarer sehen Historiker dagegen, wieviel Trubel in dem heute beschaulichen Rheinzabern im zweiten und dritten nachchristlichen Jahrhundert herrschte. An der Rheintalstraße der Römer gelegen wurde aus der einfachen Straßenstation dank der üppig vorhandenen Rohstoffe Ton und Holz das größte römische Produktionszentrum für Keramik nördlich der Alpen. „Terra Sigillata" heißt das edle, rot glänzende Tafelgeschirr, das nur zu besonderen Anlässen auf den Tisch kam, weil es leicht zu Bruch ging. Für den Alltag produzierten die Töpfer in „Tabernae" Gebrauchsgeschirr. Ein weiterer wichtiger Zweig war die Baukeramik. In manchen Betrieben stellten die Arbeiter monatlich fast 20 000 Ziegel her. Von den zahlreichen Werkstätten sind bei Grabungen 100 Brennöfen gefunden worden.

Rudern wie die Römer

Aber nicht nur Handelsschiffe fuhren zu römischer Zeit auf dem Rhein, auch Militärschiffe patrouillierten auf dem Fluss, um die Grenzen zu sichern. Auf Basis eines bei Mainz entdeckten Schiffswracks bauten geschichtsbegeisterte Pfälzer in Zusammenarbeit mit der Universität Trier die „Lusoria Rhenana", die bei Neupotz liegt. Seit 2011 kann jeder zum Ruder greifen. Um diesen etwa fünf Tonnen schweren Nachbau eines römischen Schiffs zu bewegen, sollten allerdings mindestens 16 erwachsene Ruderer zusammen kommen.

Oben: Mindestens 16 Ruderer werden gebraucht, um die „Lusoria Rhenana" zu bewegen.
Unten: Terra-Sigillata-Gefäße wurden bei 950 bis 1000 Grad Celsius gebrannt. Die Heizgase wurden in Rohrleitungen durch die Brennkammer geführt, damit kein Ruß die edle Glasur beschädigte. Dies ist der Heizraum eines solchen Brennofens.

Rechts: Die Krypta unter dem Speyerer Kaiserdom ist der älteste Teil der Kirche und Grablege von Kaisern und Königen. Mit fast sieben Metern ist ihr Gewölbe ungewöhnlich hoch.

Ganze Seite rechts: Vom Dom in Speyer ist es nicht weit zum Rhein. Dort starten Ausflugsschiffe, unter anderem in die Altrheinarme.

Kaiser bauten Dome

Speyer und Worms sollten ihre ganz große Rolle erst im Mittelalter spielen. Damals entstanden die drei großen Kaiserdome am Rhein, zu denen auch Mainz gehört. Mit dem Speyerer Dom wollte Konrad II. ein deutliches Zeichen seiner Macht setzen und schuf die heute größte romanische Kirche der Welt, seit 1981 UNESCO Weltkulturerbe. Konrad II. war dann der erste, der im Dom noch vor dessen Fertigstellung beigesetzt wurde. Die Grablege der acht deutschen Kaiser und Könige erreichen Besucher heute über die Krypta, den ältesten Teil des Doms, der sich seit der Weihe im Jahr 1041 wenig verändert hat.

Steht in Speyer der größte der drei romanischen Kaiserdome am Rhein, so ist es in Worms der kleinste. 1018 wurde der Dom, weit sichtbar auf dem höchsten Punkt der Stadt, geweiht. Doch wegen Baumängeln stürzten Teile des Doms wenige Jahre später wieder ein. Auf dem Fundament wurde zwischen 1130 und 1181 ein neuer Dom gebaut. Dem schlichten romanischen Baustil im Westchor mit steinerner Rosette steht der prunkvolle Barockaltar Balthasar Neumanns im Ostchor gegenüber. Als die Gotik modern wurde, wurde die Südseite im Stil der Zeit verändert, heute ist dort der Zugang zum Dom.

Jüdisches Erbe

Auch der Zweite Weltkrieg setzte Worms schwer zu und die Narben sind bis heute im Stadtbild zu sehen. Erhalten blieb das ehemalige Judenviertel mit seiner engen Bebauung. Die Synagoge, 1938 in der Pogromnacht zerstört, wurde bereits 1959 bis 1961 nach alten Plänen und mit noch vorhandenen Bauteilen wieder aufgebaut. Welche Bedeutung Worms mit Speyer und Mainz im Mittelalter nicht nur für Christen sondern auch für Juden hatte, zeigt der Friedhof „Heiliger Sand“ mit rund 2500 Grabsteinen. Die drei Städte waren im Mittelalter Zentren jüdischer Bildung und galten als „Jerusalem am Rhein“. Bis 2020 bereiten sie gemeinsam mit dem Land Rheinland-Pfalz ihre Bewerbung um den Status als UNESCO-Weltkulturerbe vor unter dem Motto „Jüdisches Erbe für die Welt“.

Informationen

Terra Sigillata Museum
Hauptstr. 35, 76764 Rheinzabern
Mi.–Sa. 11.00–15.00, So., Fei. 11–17 Uhr
www.terra-sigillata-museum.de

Lusoria Rhenana
Start in Neupotz, Anmeldung über www.lusoriarhenana.de
oder lusoria.rhenana@t-online.de

Biergarten
VIKING RIVER CRUISES
BURGUND
www.wasserrip.de

BÜRSTADT
HEPPENHEIM
WORMS
Laudenbach
Bobenheim-
Roxheim
LAMPERT-
HEIM
HEMSBACH
GRÜNSTADT
Dirmstein
WEINHEIM
VIERNHEIM
Bockenheim an der Weinstraße
Obrigheim
Kirchheim an der Weinstraße
Heßheim
Lambsheim
FRANKENTHAL
MANNHEIM
Heddesheim
Weisenheim am Sand
Hirschberg
FREINSHEIM
Maxdorf
BAD DÜRKHEIM
Birkenheide
LADENBURG
Ilvesheim
SCHRIESHEIM
LUDWIGSHAFEN am Rhein
Neckarhausen
Edingen-
Fußgönheim
-Schauernheim
Dossenheim
Mutterstadt
WACHENHEIM
Rödersheim-
Gronau
Limburgerhof
Neuhofen
Altrip
-Assenheim
Dannstadt-
Niederkirchen
DEIDESHEIM
Hochdorf
EPPELHEIM
Waldsee
Meckenheim
Plankstadt
Böhl-
Brühl
SCHIFFERSTADT
SCHWETZINGEN
Iggelheim
Ketsch
Otterstadt
Oftersheim
Haßloch
Sandhausen
NEUSTADT an der Weinstraße
SPEYER
HOCKENHEIM
WALLDORF
Maikammer
Dudenhofen
Neulußheim
Harthausen
Altlußheim
Reilingen
Schwegenheim
Römerberg
-Rheinhausen
EDENKOBEN
Oberhausen-
Sankt Leon-
-Rot
Edesheim
PHILIPPSBURG
Lingenfeld
WAGHÄUSEL
Hochstadt (Pfalz)
Lustadt
Zeiskam
Kronau
Bad Schönborn
GERMERSHEIM
Offenbach an der Queich
Bellheim
LANDAU in der Pfalz
-Weiher
Hambrücken
Dettenheim
Neudorf
Hördt
Ubstadt-
Rülzheim
Forst
Graben-
Insheim
-Hochstetten
Billigheim-
Karlsdorf-
-Neuthard
Herxheim bei Landau/Pfalz
Linkenheim-
Leimersheim
BRUCHSAL
Hatzenbühl
-Leopoldshafen
Rheinzabern
Jockgrim
STUTENSEE
KANDEL
Eggenstein-
Maßstab 1:240.000

Kulturlandschaft in der Rheinebene

Die Rheinebene zwischen Worms und Wörth war schon immer ein beliebter Ort zum Wohnen und Arbeiten, was sich an den zahlreichen historischen Spuren aus allen Zeiten gut ablesen lässt. Für kultur- und naturinteressierte Touristen ein kleines Paradies.

1 Worms

Worms (86 000 Einw.) zählt zu den ältesten Städten Deutschlands. Vor mehr als 5000 Jahren siedelten dort Kelten, im 1. Jh. war der Ort römischer Militärstützpunkt. Im 9. Jh. eines der karolingischen Machtzentren, stieg Worms unter den Saliern im 11. Jh. zu noch größerer Bedeutung auf. Im Mittelalter galt die Stadt als Mittelpunkt jüdischer Kultur. 1521 verteidigte Martin Luther auf dem Reichstag zu Worms seine Thesen. 1689 zerstörten französische Truppen im Pfälzischen Erbfolgekrieg die Stadt weitgehend, ein Schicksal, das der Stadt 1945 nochmals widerfuhr.

SEHENSWERT

Der **Dom St. Peter**, romanische Pfeilerbasilika mit zwei Chören und Querschiff, entstand im 12. Jh. als einer der drei Kaiserdome am Rhein auf dem höchsten Punkt der Stadt. Am „Kaiserportal" der Nordseite spielt der Streit der Königinnen im Nibelungenlied. Der Figurenschmuck des gotischen Südportals ist wie eine Bilderbibel zu lesen. Der Ostchor wurde mit einem barocken Hochaltar von Balthasar Neumann ausgestaltet (Winter 10.00–16.45, Sommer 9.00–17.45 Uhr). Nur wenige Meter entfernt liegt die evangelische **Magnuskirche**, eine karolingische Einraumkirche, die zur dreischiffigen Pfeilerbasilika erweitert wurde (Dechaneigasse 3, 10.00–18.00 Uhr). Der **Friedhof „Heiliger Sand"** TOPZIEL ist der älteste jüdische Friedhof in Europa mit ca. 2500 Gräbern. Der älteste Grabstein ist von 1058/59 (Willy-Brandt-Ring 21, Sommer 8.00–20.00 Uhr, Winter bis Einbruch der Dunkelheit, Sa. und an jüdischen Feiertagen geschlossen). Das **Lutherdenkmal** von 1868 gilt als eines der größten der Welt (Lutherring). Seit dem 11. Jh. war Worms eine bedeutende jüdische Gemeinde. Zwischen Martins- und Judenpforte ist das ehemalige jüdische Wohnviertel gut erhalten mit Synagoge, die nach der Zerstörung 1938/42 wieder aufgebaut wurde (Synagogenplatz, April–Okt. Di.–So. 10.00–12.30 und 13.30–17.00, sonst 10.00 bis 12.00 und 14.00–16.00 Uhr).

MUSEEN

In zwei Türme der Stadtmauer aus der Stauferzeit ist das **Nibelungenmuseum** integriert. Im „Sehturm" erzählt der Dichter mit der Stimme

Das Nibelungenmuseum in Worms erzählt die Sage um Krimhild und Siegfried über zahlreiche spannende Hörstationen. In der Mitte des „Sehturms" hängt ein monumentales Zepter (oben). Terra sigillata heißt die feine Keramik aus römischer Zeit in Rheinzabern (rechts).

Mario Adorfs die Entstehung des Nibelungenmythos und dessen Weiterverarbeitung. Ein eigener Rundgang ist Richard Wagners Opernzyklus „Der Ring des Nibelungen" gewidmet. Im „Hörturm" sind Passagen des Originalliedes zu hören. Im unterirdischen Mythenlabor können Besucher multimedial in die Welt der Sagen und Mythen abtauchen (Fischerpförtchen 10, www.nibelungenmuseum.de, Di.–Fr. 10.00 bis 17.00, Sa., So., Fei. bis 18.00 Uhr). Das **Museum der Stadt Worms** im Andreasstift zeigt Dokumente der Stadtgeschichte und ist selbst Teil der Geschichte als ehemalige romanische Kirche mit einem Kreuzgang aus dem 12./13. Jh. (Weckerlingplatz 7, www.worms.de/museum-andreasstift, April–Sept. Di.–So. 10.00 bis 18.00, sonst bis 17.00 Uhr). Das **Museum Heylshof** zeigt eine der bedeutendsten Sammlungen an Kunst und Kunstgewerbe des ausgehenden 19. Jh. (Stephansgasse 9, www.heylshof.de, März–Dez. Di.–Sa. 14.00–17.00, So., Fei. ab 11.00 Uhr). Im **Jüdischen Museum** im Raschi-Haus geht es um Religion und Alltag der jüdischen Gemeinde vom Mittelalter bis ins 20. Jh. (Hintere Judengasse 6, www.worms.de/juedisches-museum, April–Okt. Di.–So. 10.00 bis 12.30 und 13.30–17.00 Uhr, sonst bis 16.30 Uhr).

ERLEBEN

Zwei Wochen lang im Juli und August zeigen die **Nibelungenfestspiele** Stücke, die mehr oder weniger dicht am Mythos der Nibelungen angesiedelt sind, aber immer direkt beim Dom (www.nibelungenfestspiele.de).
Die **Rheinpromenade** mit dem imposanten Hagen-Denkmal ist ein schöner Ort zum Spazierengehen und zum Schiffegucken. Im Sommer geht das sogar von einem Liegestuhl am aufgeschütteten Sandstrand aus.

HOTELS UND RESTAURANTS

Näher kann man an den historischen Stätten Worms nicht wohnen als im €€ **Dom-Hotel**, auch wenn die Architektur einen starken Gegensatz zum Dom bildet (Obermarkt 10, 67547 Worms, Tel. 06241 90 70, www.dom-hotel.de). Direkt am Rhein liegt das **€€ Alte Ruderhaus** mit Pfälzer Gerichten und reicher Fischauswahl (Floßhafenstr. 7, 67547 Worms, Tel. 06241 3 08 62 02, www.altes-ruderhaus.de).

UMGEBUNG
In **Ludwigshafen**, Standort der BASF, zählt das Wilhelm-Hack-Museum mit Werken von Malewitsch, Mondrian, Kandinsky und Andy Warhol zu den bedeutenden Kunstmuseen in Rheinland-Pfalz. Die Keramikfassade gestaltete Joan Miró (Berliner Str. 23, 67059 Ludwigshafen am Rhein, www.wilhelmhack.museum.de, Di.–Fr. 11.00–18.00, Do. bis 20.00 Uhr, Sa., So., Fei. ab 10.00 Uhr).

INFORMATION
Tourist Information, Neumarkt 14
67547 Worms, Tel. 06241 8 53 73 06
www.worms.de

2 Speyer

Aus dem römischen Heerlager entwickelte sich im 11. und 12. Jh. ein Machtzentrum der Salier. Der Dom, seit 1981 UNESCO-Weltkulturerbe, zeugt noch heute davon. 1689 wurde Speyer (50 000 Einw.) im Pfälzischen Erbfolgekrieg zerstört. Beim Wiederaufbau blieb der mittelalterliche Grundriss erhalten. Überall finden Besucher historische Spuren, aber auch jede Menge zeitgenössische Lebensart.

SEHENSWERT
Der älteste Teil des **Speyerer Doms** TOPZIEL ist die Krypta unter Querhaus und Chor. Die Unterkirche wurde 1041 geweiht und ist fast unverändert. Von dort aus gelangt man zur Grablege der Kaiser und Könige, wie sie Anfang des 20. Jh. eingerichtet wurde (Domplatz, www.dom-zu-speyer.de; April–Okt. Mo., Mi., Do., Sa. 9.00–19.00, Di., Fr. bis 17.30, So. 11.30 bis 17.30 Uhr, sonst Mo.–Sa. 9.00–17.00, So. 11.30–17.30 Uhr, Krypta und Kaisergräber etwas kürzer). Mitte des 20. Jh. wurde der Dom innen in sein ursprünglich romanisches Aussehen zurückversetzt. Die Ausmalungen aus dem 19. Jh. wurden mit dem Putz abgenommen und sind im Kaisersaal über der Vorhalle im Südwestturm zu sehen. Unter den Nord- und Südfenstern des Mittelschiffs blieben Fresken aus dem Marienzyklus erhalten. Den Südwestturm kann man besteigen, die Aussichtsplattform liegt in 60 Meter Höhe (April–Okt. alle 20 Minuten). Die **Dreifaltigkeitskirche** (Große Himmelsgasse 3a, Mi., Sa. 10.30–16.00, Fr., So. 14.00–17.00 Uhr) ist die älteste der fünf protestantischen Kirchen Speyers. Die barocke Inneneinrichtung aus Holz ist reich bemalt, das Gewölbe mit Szenen aus dem Alten und Neuen Testament. Vom Dom führt die Maximilianstraße direkt zum **Altpörtel**, einem Stadttor und Teil der mittelalterlichen Stadtmauer. Im Innern ist eine Ausstellung über Speyer als Reichskammergericht (1527–1689) zu sehen (Maximilianstr. 55, Mo.–Fr. 10.00–12.00 und 14.00–16.00, Sa., So. 10.00–17.00 Uhr). Der höchste Kirchturm der Stadt gehört zur **Gedächtniskirche** (Bartholomäus-Weltz-Platz 5, Di.–Fr., So., Fei. 14.00–17.00, Sa. 10.00–17.00 Uhr), die als Denkmal des Welt-Protestantismus gebaut wurde. Die neugotische Kirche ist im Stil einer französischen Kathedrale des 13. Jh. erbaut. In der Nähe des Doms siedelten Bischof und Kaiser 1084 Juden an, die 1349 im Zeitalter der Pest, für die sie verantwortlich sein sollten, erstmals vertrieben wurden. Im **Judenhof** sind Reste der Synagoge und das Ritualbad, die Mikwe, zu sehen (Kleine Pfaffengasse 20/21, April–Okt. tgl. 10.00–17.00, sonst Di.–So. 10.00–16.00 Uhr).

Tipp

Am Seil um den Dom

Seit der jüngsten Restaurierung des Kaiserdoms in Speyer können Besucher die Zwerggalerie begehen. Der begehbare Säulengang unterhalb des Daches führt um den gesamten Kaiserdom herum. Von April bis Oktober können auf Anfrage Gruppen bis zu fünf Personen in luftiger Höhe viel über Baugeschichte und Bauerhalt des Doms erfahren. Sie werden angeseilt, da die Galerie kein Geländer hat, und sollten schwindelfrei sein.

ZWERGGALERIE IM DOM
Anmeldung: www.dom-zu-speyer.de

Die Boeing 747 und viele Oldtimer zählen zu den Highlights im Technik Museum Speyer, der nostalgische Zeitungskiosk stand nur temporär im Historischen Museum Speyer.

MUSEEN
Interessante Sonderausstellungen, aber auch gut aufbereitete Sammlungen zur Geschichte der Region kennzeichnen das **Historische Museum der Pfalz** (Domplatz 4, www.museum.speyer.de; Di.–So. 10.00–18.00 Uhr). Lichtjahre entfernt, was das Sammlungsgebiet angeht, ist das **Technik Museum Speyer** (Am Technik Museum 1, www.speyer.technik-museum.de; tgl. 9.00–18.00, Sa., So., Fei. bis 19.00 Uhr). Spaceshuttle, Boeing, U-Boot, Feuerwehrfahrzeuge, Lokomotiven, Flugzeuge und andere technische Errungenschaften sind auf dem riesigen Gelände zu sehen. **Hans Purrmann und seine Frau** zählten zur Avantgarde der Malerei der ersten Hälfte des 20. Jh. Im Geburtshaus des Malers sind ihre Werke ausgestellt (Kleine Greifengasse 14, Di.–Fr. 15.00–17.00, Sa., So. 11.00–13.00 Uhr). Hecht und Karpfen schwimmen im Rhein, Rochen und Katzenhai direkt daneben im **Sealife** mit mehr als 3000 Tieren und einem tropischen Korallenriff (Im Hafenbecken 5, www.visitsealife.com; Mo.–Fr. 10.00–17.00, Sa., So., Fei. bis 18.00 Uhr).

ERLEBEN
Hinter dem Dom geht es Richtung Rhein, wo die Fahrgastschiffe anlegen, die den Speyerer **Altrhein** befahren. Auch auf so einer Schiffstour kann man viel Natur entdecken (Rheinuferpromenade, Ostern–Okt. Di.–So. meist zwei Fahrten nachmittags ab 13.00 Uhr).
Fast 1000 Weine aus der Pfalz können Genießer bei **Wein am Dom** Anfang April verkosten (www.wein-am-dom.de).

HOTELS UND RESTAURANTS
Nahe der Altstadt liegt das Hotel **€€ Alt Speyer**, zertifiziertes Bio-Hotel, in dessen Gewölbekeller man auch einen Kochkurs machen kann (Große Gailergasse 1a, 67346 Speyer, Tel. 06232 6 02 80; www.hotelaltspeyer.de).
Aus Wachenheim und Umgebung kommen die meisten Weine, die im **€ Rabennest** angeboten werden. Die kleine Weinstube im denkmalgeschützten Haus von 1714 bietet gute Pfälzer Küche (Korngasse 5, 67346 Speyer, Tel. 06232 62 38 57, www.weinstube-rabennest.de).

INFORMATION
Tourist-Information, Maximilianstr. 13
67346 Speyer. Tel. 06232 14 23 92
www.speyer.de

3 Germersheim

Festungsanlagen kennzeichnen Germersheim (22 000 Einw.). Mittendrin leben auch 2000 Studierende der Universität Mainz, die zu Übersetzern und Dolmetschern ausgebildet werden.

SEHENSWERT
Schutz gegen französische Truppen sollte die **Festungsanlage** in Germersheim bieten, aber als sie 1834 fertig war, war sie bereits veraltet angesichts der Weiterentwicklung der Militärtechnik. Nach dem Ersten Weltkrieg musste die Festung geschleift werden, doch zwei Stadttore und Gebäude innerhalb des Rings blieben erhalten. Vom Weißenburger Tor aus kann man einen ca. dreistündigen Rundweg starten.

MUSEUM
Im Zeughaus der ehemaligen Festung ist das **Deutsche Straßenmuseum** untergebracht. Wege und Straßen von den Römern bis heute liegen den Besuchern zu Füßen, eindrucksvolle Maschinen stehen im Hof (Im Zeughaus, www.deutsches-strassenmuseum.de; Di.–Fr. 10.00 bis 18.00, Sa., So., Fei. ab 11.00 Uhr).

ERLEBEN
Im Ortsteil Sondernheim ist ein Wanderweg zwischen **„Rheinaue und Hochgestade“** ausgeschildert, bei dem man an den urwaldähnlichen Auenwäldern vorbeikommt. Starten kann man beim Schleusenhaus. An der Kirche in Sondernheim biegt man Richtung Rhein ab.

INFORMATION
Tourist-Info, Paradeplatz 10
76276 Germersheim, Tel. 07274 96 03 01
www.germersheim.eu

4 Rheinzabern

Bei seiner Gründung im 1. Jh. hieß Rheinzabern (4900 Einw.) Tabernae und entwickelte sich wegen seiner verkehrsgünstigen Lage schnell zu einem Produktionszentrum für Keramik, die in das gesamte römische Reich verschickt wurde.

SEHENSWERT
Das **Terra-Sigillata-Museum** zeigt eindrucksvoll, wie modern die Keramikproduktion in Rheinzabern zu römischer Zeit war (Hauptstr. 35, www.terra-sigillata-museum.de; Mi.–Sa. 11.00–16.00, So., Fei. bis 17.00 Uhr).

UMGEBUNG
In Neupotz liegt im Sommer die **Lusoria Rhenana,** ein Schiff, wie es die Römer bauten, um die Grenzen vom Wasser aus zu verteidigen. Gruppen und Teams können das Ruderschiff buchen. Am 1. Sonntag im Monat kann jeder zum Ruder greifen (www.lusoria-rhenana.de).

INFORMATION
Verbandsgemeinde Jockgrim
Untere Buchstraße 22, 76751 Jockgrim
Tel. 07271 59 90, www.vg-jockgrim.de

Genießen Erleben Erfahren

DuMont Aktiv

Vollkommen entschleunigt

Wenn keiner an Bord redet und man nur die Vogelstimmen hört, während der Nachen leise auf dem Wasser dahingleitet, ist es am schönsten. Dann ist eine Fahrt auf dem Althein der Inbegriff von Entschleunigung.

Zum Glück redet dann doch immer mal wieder der Bootsführer. Ohne seine Hinweise würde man vieles nicht sehen, und dank seiner Erzählungen hört man von manchen Tieren, die sich gerade an diesem Tag nicht zeigen. Zum Beispiel der Eisvogel. Der kleine Star unter der Vogelschar mit seinem bunt schillernden Federkleid ist nämlich ziemlich scheu. Das zeigt sich schon am Bau seiner Bruthöhle. 40 bis 80 Zentimeter tief gräbt er sie am Uferrand in etwa ein Meter Höhe ein.

Schwäne, Enten und Nilgänse sind nicht ganz so scheu, aber man sollte ihnen nicht zu nahe kommen, wenn sie Junge haben. Da kann so ein stolzer Schwan schnell mal zur Furie werden. Etwas zutraulicher sind die Biberratten oder Nutrias. Sie sind Tag und Nacht aktiv und hausen mit bis zu 14 weiteren Artgenossen in ihren Uferbauten. Nachts sind keine Bootsfahrer auf dem Rhein unterwegs und auch tagsüber ist ihre Zahl beschränkt. Da die Altrheinarme Landschafts- und Naturschutzgebiet sind, darf jedes Jahr nur eine bestimmte Anzahl Boote auf das Wasser. Entstanden sind diese kleinen Paradiese im 19. Jahrhundert, als der Rhein begradigt und die Rheinarme sozusagen vom Strom „abgehängt“ wurden.

Weitere Informationen
Termine: Die zweistündigen Bootsfahrten mit Plätzen für 12 Personen starten von Mitte März bis Mitte Oktober bei Germersheim.
Anmeldung: Tel. 07274 96 03 01.

Wandern: Eine Alternative, den Altrhein zu erleben, ist die Treidelwanderung mit Startpunkt am Schützenhaus in Hördt. Es geht 14 Kilometer durch eine faszinierende Landschaft.

Leise gleiten die Nachen durch die Altrheinarme bei Germersheim und bringen die Passagiere zu seltenen Tieren und Pflanzen.

Pfälzerwald schützt die Reben

Vieles, was man über die nördliche Weinstraße von Bockenheim bis Neustadt sagen kann, gilt auch für den südlichen Teil der Touristikroute von Maikammer bis Schweigen. Mildes Klima, in dem Mandeln, Feigen, Kiwis und Zitronen reifen, ausgedehnte Reblandschaften, romantische Weindörfer, ein idealer Landstrich zum Erholen und Genießen. Und zum Feiern. Auf fast 200 Festen, ganzjährig.

Beim Mandelblütenfest in Gimmeldingen wird direkt neben den Reben gefeiert.

Kurzanleitung für Erntehelfer beim Weingut Mehling in Deidesheim: Nur Trauben, die ihr auch essen würdet, kommen ins Fass.

Das größte Weinfest weit und breit feiern die Bad Dürkheimer.

Und da beginnen dann allmählich die Unterschiede zwischen Norden und Süden der Weinstraße. Das größte Weinfest weit und breit feiern nämlich die Bad Dürkheimer. Seit gut 600 Jahren am zweiten und dritten Wochenende im September. Dass das Weinfest „Wurstmarkt" heißt, wird aus seiner Geschichte hergeleitet. Aus der Wallfahrt zum Michaelsberg wurde im Lauf der Jahrhunderte ein Volksfest, bei dem die Zecher nicht nur Wein tranken, sondern auch Unmengen von Würsten verspeisten. Ursprünglich geprägt von rustikalen Ständen, verfeinert sich das Angebot des „Wurstmarkts" von Jahr zu Jahr und spricht die unterschiedlichen Genießer auf ihre Art an. Traditionalisten allerdings brauchen kein Weindorf mit Stielglas, feinen Speisen und handgerüttelten Sekten. Sie drängen sich auf den engen Bänken der „Schubkarchstände" mit einem Schoppen im Dubbeglas und einem deftigen Pfälzer Vesper. Wie früher, als die Winzer ihre Weinfässer auf einer Schubkarre zum Festplatz schoben, die Schubkarre umdrehten, das Weinfass drauf legten und den Zapfhahn öffneten.

Ganzjährig geöffnet ist am Wurstmarktplatz der Ausschank im Riesenfass, für das Winzer und Küfermeister Fritz Keller 1934 200 Tannen im Schwarzwald fällen ließ. Mit einem Durchmesser von 13,5 Metern gilt es als das größte Fass der Welt, war aber nie mit Wein sondern ist stets nur mit Menschen gefüllt.

Fast wie am Meer

Den Titel „Bad" hat Dürkheim allerdings nicht dem Wein zu verdanken sondern der „Alten Maxquelle" und deren reichhaltigem Mineralwasser. Dessen hoher Arsengehalt sorgte zu Beginn des 20. Jahrhunderts für einen regen Kurbetrieb. Menschen, die an Blutarmut, Leukämie oder Rachitis litten, kamen ebenso wie Patienten mit Hautkrankheiten. Allmählich wurde aber klar, dass die hohe Arsenkonzentration einerseits heilte, andererseits aber unangenehme Nebenwirkungen hervorrief. Neue Quellen wurden erschlossen und schicken nun ihr Wasser über das 18 Meter hohe Gradierwerk in der Nähe von Festplatz und Kurpark, genauer gesagt über die Reisigbündel, die dort gestapelt sind. Durch Sonne und Wind verdunstet das Wasser und dadurch wird für die Gewinnung von Salz aus der Sole weniger Energie verbraucht. Gleichzeitig ist die Luft rund um das Gradierwerk salzgeschwängert und eine Wohltat für die Atemwege, weshalb die Sitzbänke entlang der 333 Meter langen Anlage meistens besetzt sind. Die Salzgewinnung als solche hat

Das romantische Städtchen Freinsheim (links und Mitte links) wird noch von einer Stadtmauer aus dem Mittelalter umfasst. Wenn Ende Mai das Altstadtfest gefeiert wird, ist kaum ein Fleckchen in den alten Gassen frei.

Die Madonna mit den Trauben in der katholischen Kirche St. Lambert in Bockenheim ist zum Wahrzeichen der Deutschen Weinstraße geworden, ebenso wie die zahlreichen Vinotheken, die zum Verkosten und Genießen einladen wie die Alex Weinlounge in Herxheim am Berg.

Der Römerplatz in Bad Dürkheim ist kulinarisches Zentrum der Stadt und Treffpunkt für Genießer, besonders am späten Samstagmittag nach dem Wochenendeinkauf.

Im 16. Jahrhundert bauten die Grafen von Leiningen die Hardenburg bei Bad Dürkheim zu einer imposanten Renaissance-Residenz aus, deren Überreste man heute fast das ganze Jahr über besichtigen kann.

Bei Kennern hat der Weinort Kallstadt einen klingenden Namen.

für Bad Dürkheim keine wirtschaftliche Bedeutung mehr. Ein findiger Geschäftsmann lässt aber seit einigen Jahren wieder Salz sieden und verkauft es als „Dürkheimer Gold" in kleinen Gläsern.

Erfolgreiche Auswanderer

Vermutlich wird die neue Salzproduktion in Bad Dürkheim aber eher eine Liebhaberei bleiben, eine Reminiszenz an vergangene Zeiten, und nicht zum Welterfolg führen. Anders als die Produktion der Firma Heinz, die in den USA einen Anteil von 98 Prozent am Ketchup-Markt hält. Der Vater des Firmengründers war Anfang des 19. Jahrhunderts aus Kallstadt, wenige Kilometer nördlich von Bad Dürkheim gelegen, ausgewandert und suchte in Amerika neue Herausforderungen. Ebenso wie der Großvater des derzeitigen Präsidenten der Vereinigten Staaten. Friedrich Trump verließ Kallstadt Ende des 19. Jahrhunderts, machte in Amerika mit Gaststätten und Immobilien sein Geld, wollte dann aber wieder zurück nach Deutschland, genauer nach Bayern. Dort bekam er allerdings keine Aufenthaltsgenehmigung, vermutlich weil er als Mann im wehrpflichtigen Alter das unter bayerischer Verwaltung stehende Kallstadt ohne Genehmigung verlassen hatte. Im Juli 1905 mussten er und seine pfälzische Frau wieder aus Deutschland abreisen, drei Monate später wurde Donald Trumps Vater in Amerika geboren.

Traditionsreiche Weingüter

Bei Weinkennern hat das kleine Dorf Kallstadt noch aus anderen Gründen einen klingenden Namen. Die Weinlage „Kallstadter Saumagen" liegt am westlichen Rand des Ortes und zählt zu den besten in Deutschland. Bewirtschaftet wird der Weinberg mit seinen 40 Hektar Rebfläche seit 1810. 300000 Flaschen „Saumagen" werden jährlich abgefüllt und sind heiß begehrt. Warum die Lage so heißt wie die Pfälzer Wurstspezialität weiß keiner so genau, vielleicht weil der Umriss der Lage auf der Karte einem Saumagen ähnelt. Am ersten Septemberwochenende bei der Saumagen-Kerwe kann man sich durch die Spezialitäten im Glas und auf dem Teller durchprobieren.

Kallstadt zählt zur Mittelhaardt, dem nördlichen Teil des Weinanbaugebiets Pfalz, das auf eine lange Tradition zurückblicken kann. Bürklin-Wolf in Wachenheim begann mit dem Weinbau schon Ende des 16. Jahrhunderts, Bassermann-Jordan in Deidesheim, Acham-Magin in Wachenheim und Müller-Catoir in Neustadt im 18. Jahrhundert, Knipser in Laumersheim sowie von Winning und

Zu den am häufigsten fotografierten Rathäusern in Deutschland zählt mit Sicherheit das barocke Gebäude in Deidesheim (rechts). Die Glasfenster des Ratssaales sind eine Spende der Weingüter Buhl und Bassermann-Jordan und stammen aus dem beginnenden 20. Jahrhundert (rechts Mitte).

Kenner der Saumagen-Szene nehmen weite Wege auf sich, um bei Metzger Hambel in Wachenheim die Pfälzer Spezialität im Original oder in Variationen zu kaufen. Natürlich gibt es dort auch die Pfälzer Bratwurst und die Pfälzer Leberknödel.

Im Kellergewölbe des Deidesheimer Rathauses findet sich eine umfangreiche Flaschensammlung, Teil des Museums für Weinkultur.

Sekt aus Wachenheim hat Tradition. Zwar gibt es noch die alten Rüttelbretter im Keller, aber die eigentliche Produktion auf Schloss Wachenheim ist heute auf dem neuesten technischen Stand. Regelmäßig kontrolliert Betriebsleiter Johannes Reiter das Hefedepot in einer Sektflasche.

Buhl in Deidesheim produzieren seit dem 19. Jahrhundert ihre renommierten Weine. Wer als Weintrinker Ende des 19. und Anfang des 20. Jahrhunderts etwas auf sich hielt, musste vor allem Riesling der drei großen Bs im Keller haben: Bürklin, Bassermann, Buhl.

Heute ist das Angebot hochwertiger Weingüter an der Mittelhaardt noch weit größer. Einige gehören dem Verband der Prädikatsweingüter (VDP) an, der rund 200 Mitglieder in ganz Deutschland hat. Um diese Mitgliedschaft kann man sich nicht bewerben, sondern man wird berufen, indem man durch Qualität auf sich aufmerksam gemacht hat. Im Schatten dieser großen Namen der Weinwelt hatten es die kleineren Weingüter deutlich schwerer, sich zu entwickeln als in anderen Regionen. Sie standen eher in dritter oder vierter als in zweiter Reihe. Doch das hat sich in den vergangenen Jahren deutlich geändert. Die junge Generation, die nicht nur in der Südpfalz mit Kraft nachwächst, macht auch an der Mittelhaardt auf sich aufmerksam. Und da ist es manchmal gar nicht schlecht, einen großen Ortsnamen im Hintergrund zu haben.

Zwischen Wald und Wein

Dem Pfälzerwald verdanken Winzer und Touristen das milde Klima an der Weinstraße. Er hält Frost, Wind und zu viel Regen ab und schafft damit nicht nur das richtige Weinklima sondern vor allem von Frühjahr bis Herbst beste Bedingungen für einen erholsamen Urlaub. Durch die Weinberge führen zahlreiche Wanderwege hinauf in den Pfälzerwald, hin zu urigen Hütten mit fantastischen Aussichten. Wer länger unterwegs sein will, nimmt am besten den Pfälzer Weinsteig, einen Premiumwanderweg, der zwar immer wieder knackige Anstiege hat, aber auf den naturbelassenen Pfaden und Felsenwegen nie langweilig wird. 159 Kilometer ist der Steig lang, der in Bockenheim entspannt mit einer Etappe vor allem durch die Weinberge beginnt und in Schweigen nach vielen

Wegen der markanten Form nennt der Volksmund den Flaggenturm im Hintergrund „Kaffeemühle“. Den ältesten Aussichtsturm der Pfalz haben Bad Dürkheimer Bürger im Jahr 1854 gespendet.

Eine Vorahnung von Frühling schenken die rosa Mandelblüten den Besuchern der Weinstraße, wenn es anderswo noch kalt und kahl ist. Das mediterrane Klima lässt die Bäume manchmal schon Anfang März erblühen.

Der Pfälzer Mandelpfad führt auf 77 Kilometern von Bad Dürkheim bis Schweigen-Rechtenbach an blühenden Bäumen vorbei. Bei Maikammer, Rhodt und Birkweiler sind zusätzlich kleinere Rundwege ausgeschildert.

Auch die Mandelblüte will ausgiebig gefeiert werden. Während der rosa Wochen bieten Restaurants Mandelmenüs und Cafés Mandeltorten an, und in Gimmeldingen wird die Mandelblütenkönigin gekrönt.

Rund um den Marktplatz von Neustadt an der Weinstraße ist immer etwas los. Im Scheffelhaus hat der Dichter Joseph Victor von Scheffel 1865 einen Wein genossen, den er im Gedicht „Der Fünfundsechziger" verewigte.

Wein sollte nach dem Boden schmecken, auf dem die Trauben gewachsen sind.

Burgen und Aussichtspunkten am Deutschen Weintor endet.

Wem diese elf Etappen zu viel sind, sucht sich einfach einzelne Abschnitte aus. Etwa von Bad Dürkheim nach Deidesheim mit Rast in der urigen Gaststätte auf der Wachtenburg, hoch über Wachenheim. Auf dem weiteren Weg führt der Weinsteig am höchst gelegenen Weingut der Mittelhaardt vorbei, dem Odinstal. Tal ist vielleicht nicht ganz die richtige Bezeichnung. Es ist eher eine Aue im Wald, wo in 350 Metern Höhe Reben wachsen und Trauben reifen, und zwar so, wie sie wollen. Die Reben werden entweder gar nicht oder behutsam ihrem Wuchs entsprechend geschnitten. Die Trauben reifen später, bis zu 20 Tage länger als in der Ebene. Winzer Andreas Schumann vertritt die These, dass Wein nach dem Boden schmecken sollte, auf dem die Trauben gewachsen sind und dass dies am besten mit bio-dynamischer Bewirtschaftung gelingt. Der Erfolg seit 2004 gibt dem konsequenten Winzer Recht.

Demokratische Wurzeln

So experimentierfreudig die Pfälzer Winzer bei Wein und Sekt auch sein mögen, ein Marketinginstrument haben sie seit 1931 beibehalten: die Wahl der Pfälzer Weinkönigin in Neustadt an der Weinstraße, eines der Zentren im deutschen Weinbau. Rund um den Marktplatz der fast 750 Jahre alten Stadt schmecken edle Tropfen und solide Schorle besonders gut. Mit Blick auf die gotische Stiftskirche, mit ihren beiden sehr unterschiedlichen Türmen, dem barocken Rathaus und dem Scheffelhaus, dem ältesten am Marktplatz. In dem 1580 im Renaissancestil erbauten Giebelhaus versammelten sich zu Zeiten des Vormärz die Kämpfer für die Demokratie, und ab 1859 wurde an jener Stelle, wo heute Wein und Pfälzer Spezialitäten serviert werden, revolutionäre Literatur verkauft. Bedarf bestand dafür in Neustadt, liegt doch das Hambacher Schloss, die Wiege der deutschen Demokratie und europäisches Kulturerbe, gerade mal fünf Kilometer oberhalb der Stadt. „Hinauf, hinauf zum Schloss" war der Ruf der Revolutionäre und so heißt auch die sehr abwechslungsreiche und modern gestaltete Ausstellung zur deutschen Demokratiegeschichte auf dem Schloss.

Uff pälzisch

Dienstags, samstags und von April bis Oktober auch donnerstags ist ein Besuch auf dem Neustadter Wochenmarkt so etwas wie ein Bad in pfälzischer Sprache. Natürlich können die Pfälzer auch

In Neustadts Mittel- und Hintergasse stehen noch viele Fachwerkhäuser, oft mit einem Gastronomiebetrieb, darunter das „Gerberhaus“ und auch „Die Herberge“, die älteste Weinstube Neustadts.

In den gemütlichen Weinstuben wie hier in Neustadt werden die Gäste schnell zu Freunden. Und manche bleiben lange sitzen.

Küche auf höchstem Niveau bietet das Restaurant „Urgestein“ im idyllischen Steinhäuser Hof. Im ehemaligen Marstall wird Sterne-Küche unter einer Kreuzgewölbedecke serviert.

Weite Blicke über Weinberge bis zum Rhein und darüber hinaus hat man von der Terrasse des Hambacher Schlosses.

ordentlich schimpfen oder „knoddere", aber meist klingen ihre Worte und Sätze sehr melodisch und strahlen irgendwie Fröhlichkeit aus. Eine heitere Gelassenheit, die gut zu den alten Gassen in Neustadt passt, die Mittel- und die Hintergasse, die Metzgergasse mit einem der ältesten Fachwerkhäuser der Pfalz und die Kunigundenstraße. Und eine Verschmitztheit, die auch im Fabelwesen der Elwedritsche Ausdruck findet. Überall in der Pfalz. In Neustadt hat ihnen der Bildhauer Gernot Rumpf auf dem Marstallplatz eine Art Denkmal gesetzt. Zehn dieser Fabelwesen aus Ente, Huhn, Rabe und Elfe in unterschiedlichen Entwicklungsstadien treiben am Elwedritschebrunnen ihren Schabernack.

Jetzt mag das „Pälzische" für den Nicht-Pfälzer überall ziemlich gleich klingen, aber es ist nicht gleich. Auch da gibt es Unterschiede zwischen nördlicher und südlicher Weinstraße. In Freinsheim, einem zauberhaften Städtchen bei Bad Dürkheim, wird Vorderpfälzisch gesprochen, auf Wunsch auch bei Stadtführungen in der barocken Altstadt oder beim Krippenspiel in der Vorweihnachtszeit. Der Pfarrer Otmar Fischer aus Weisenheim am Berg wurde durch seine zweimal im Jahr auf Pfälzisch gehaltenen Predigten überregional bekannt.

Special

Simultankirchen

Zwei Konfessionen, eine Kirche

Ist das nun eine katholische oder eine evangelische Kirche?
Mehr als 60 Simultankirchen gibt es in Deutschland, die Katholiken und Protestanten gemeinsam nutzen. Fast die Hälfte dieser Gotteshäuser steht in Rheinland-Pfalz. Eines der größten in Neustadt an der Weinstraße. Die Stiftskirche wird seit 1698 simultan genutzt. 1705 legte die kurpfälzische Religionsdeklaration fest, dass in den simultan genutzten Gotteshäusern eine Trennmauer eingezogen werden soll. In der Regel erhielten die Katholiken den Chor und die Protestanten das Kirchenschiff. In Neustadt sollte die trennende Mauer 2009 wieder abgebaut werden, doch auf protestantischer Seite befand sich ein wertvolles Mosaik. Im Übrigen hatten sich die Kirchenteile sehr unterschiedlich entwickelt – würde die Mauer heute entfernt, stünde dem schlichten protestantischen Kirchenschiff ein üppig gestalteter Barockchor gegenüber. In der Laurentiuskirche in Dirmstein dagegen wurde keine Trennmauer eingezogen, dort wurde die Kirche von vornherein als Doppelkirche wie ein Doppelhaus gebaut. Das sparte Platz und Geld.

Die Stiftskirche in Neustadt

Links: „Hinauf, hinauf zum Schloss" hieß der Ruf, dem demokratisch gesinnte Menschen 1832 folgten. Vom Hambacher Fest gingen wichtige Impulse für die Entwicklung der Demokratie in Deutschland aus, die in einer sehr abwechslungsreichen Ausstellung dokumentiert ist.

Unten: Im Restaurant 1832 kann man sich vor oder nach dem Ausstellungsbesuch stärken und den Blick ins Rheintal genießen.

Oben: Das beschauliche Hambach, Ortsteil von Neustadt, war 1832 Startpunkt für den Marsch aufs Schloss.

Rechts: Die Hüte nehmen die Besucher mit in die Zeit des Hambacher Festes. Über Hörszenen wird Vergangenheit lebendig.

JUNGE WINZER

Es geht auch unkompliziert

Weinkenner sind begeistert über das, was da in der Pfalz heranreift. Nicht nur über die Weine in den Fässern sondern vor allem über die jungen Winzerinnen und Winzer, die mit einer unglaublichen Energie und fundiertem Wissen sehr qualitätsvolle Weine in die Gläser bringen.

Mit Leidenschaft im Weinberg: junge Winzer wie Florian Geisser in Schweigen

Kathrin Otte in Deidesheim, Georg Meier in Weyher und Florian Geisser aus Schweigen sind drei aus dieser neuen Winzergeneration in der Pfalz. Alle sind in die elterlichen Weingüter eingestiegen und wollen auf der Tradition aufbauend neue Wege gehen. Das beginnt schon beim Marketing. Setzten die kleineren Betriebe in der Vergangenheit stark auf die Endverbraucher, denen sie auch einmal im Jahr die Weine direkt an die Haustür lieferten, so sind für die jungen Winzer vor allem Weinhandel und Gastronomie attraktive Geschäftspartner. „Klar sollen die Kunden, die schon bei meinem Opa Wein gekauft haben, diesen auch weiter bekommen, aber ich will und muss auch den Handel weiter ausbauen", sagt Georg Meier. Für die Endverbraucher plant er einen Gutsausschank im Zentrum von Weyher statt der traditionellen Probierstube im Weingut, nahe am Waldrand. Das 500-Seelen-Dorf liegt fantastisch in und über den Weinbergen.

Qualität braucht gesunde Trauben

In Deidesheim direkt an der Weinstraße, mitten im touristisch stark beachteten Ort, kommt praktisch jeder am schönen alten Haus mit der modern gestalteten Vinothek vorbei. Der Name Deidesheim sei ein Türöffner bei Weinpräsentationen, bestätigt die Jungwinzerin Kathrin Otte vom Weingut Mehling. Dennoch muss am Ende die Qualität überzeugen. Und an dieser arbeitet Kathrin Otte gemeinsam mit ihrem Lebensgefährten Christoph Knäbel intensiv. 2007 haben die beiden ihren ersten Weinberg bepflanzt und 2011 den ersten komplett spontan vergorenen Jahrgang gekeltert. Denn darauf soll es in Zukunft hinauslaufen. Wichtigste Voraussetzung für eine gelungene Spontanvergärung sind gesunde Trauben. „Der Wein entsteht im Weinberg und jeder Weinberg ist anders, was man auch bei der Lesetechnik berücksichtigen muss", erklärt die Winzerin mit einem Bachelorabschluss in Weinbau und Oenologie und großer Leidenschaft für das, was sie tut. Kathrin und Christoph bevorzugen einen sanften Rebschnitt, der das natürliche Wachstum des Weinstocks berücksichtigt. Das braucht Zeit und

Große Sorgfalt bei der Weinlese: Kathrin Otte und Christoph Knäbel vom Weingut Mehling sorgen das ganze Jahr über für gesunde Trauben.

Die Leidenschaft für den Riesling verbindet Kathrin Otte aus Deidesheim und Georg Meier aus Weyher.

sieht vielleicht nicht so „ordentlich“ aus wie die klassische Erziehung der Reben. „Meine Eltern haben bereits in den 1980er-Jahren kontrolliert umweltschonend gearbeitet, sodass die Umstellung auf ökologischen Weinbau bei uns keinen riesigen Unterschied machte“, sagt Kathrin Otte.

Kollegen, nicht Konkurrenten

Während Kathrin Otte mit dem Wein aufgewachsen ist und auch Weinprinzessin war, übernahmen die Eltern von Georg Meier den Betrieb vom Großvater erst, als er zehn Jahre alt war. Georg Meier machte seinen Weinbautechniker und begann, im Keller des elterlichen Weinguts mitzuarbeiten. 2011 nahm er am ersten Wettbewerb für Nachwuchs-Winzer in der Südpfalz teil – und gewann. 2012 wurde er zweiter, 2013 wieder erster, 2014 zweiter, ebenso 2015 und wurde gleichzeitig im Wettbewerb „Junge Südpfalz – da wächst was nach“ ausgezeichnet. Mutter Barbara hatte ihren Sohn auf die Idee gebracht, an dem Wettbewerb teilzunehmen. „Ich habe durch die ‚Junge Südpfalz‘ sehr, sehr viel gelernt und bin sehr dankbar für die Zeit“, sagt Georg Meier. Gelernt hat er viel über Marketing und wie wichtig ein Netzwerk ist. Deshalb ist er froh, bei „Generation Pfalz“ dabei zu sein, einer Initiative, die 20 junge Winzer für ein Jahr bei Weinpräsentationen deutschlandweit unterstützt.

Jeder Riesling ist anders

Gepflanzt werden Reben, die zum Boden passen. In der Pfalz sind das viele verschiedene Böden, Kalkböden, die mit Burgundersorten harmonieren, Buntsandstein- oder Granitlagen für den Riesling. Jeder vierte Rebstock in der Pfalz trägt Rieslingtrauben, damit ist die Region noch vor der Mosel das größte Rieslinganbaugebiet der Welt. Langweilig? „Riesling ist gleich Riesling ist Unsinn“, widerspricht Kathrin Otte. Jeder Riesling schmeckt anders, was sie und auch Georg Meier immer wieder in der „Generation Riesling“ feststellen können, einem weiteren Netzwerk der Jungwinzer, das alle Anbaugebiete für Riesling in Deutschland umfasst. Flaschen untereinander zu tauschen, um zu sehen, wie die anderen ihren Wein ausbauen, das gefällt der Winzerin aus Deidesheim. 2008 war sie dabei, als junge Winzer „WineChanges“ gründeten, um gemeinsam bei Messen aufzutreten, aber auch um sich gegenseitig zu beraten. Eine Kollegialität unter Mitbewerbern, die es so in früheren Jahren nicht gab. Kathrin Otte, Florian Geisser, Georg Meier und viele andere Jungwinzer aus der Pfalz stehen nicht nur für unkomplizierte Weine sondern auch für einen unkomplizierten Umgang miteinander.

Informationen

Weingut Geisser: Längelsstr. 1, 76889 Schweigen-Rechtenbach, Tel. 06342 75 02, www.weingut-geisser.de

Weingut Meier: Hübühl 9, 76835 Weyher in der Pfalz, Tel. 06323 98 85 99, www.wein-meier.de

Weingut Mehling: Weinstr. 55, 67146 Deidesheim, Tel. 06326 274, www.weingut-mehling.de

Auch Jungwinzer Florian Geisser verbringt viel Zeit im Weinkeller, um das, was er im Weinberg vorbereitet hat, zur Vollendung zu bringen.

ALZEY
Alzeyer Hügelland
KIRCHHEIM-BOLANDEN
OSTHOFEN
WORMS
EISENBERG (Pfalz)
GRÜNSTADT
FRANKENTHAL
BAD DÜRKHEIM
DEIDESHEIM
NEUSTADT an der Weinstraße
LAMBRECHT (Pfalz)
SPEYER
SCHIFFERSTADT
Haßloch
Mutterstadt
Limburgerhof
Bobenheim
Roxheim
Enkenbach-Alsenborn
Hochspeyer
Weidenthal
Elmstein
Maikammer
EDENKOBEN
Deutsche Weinstraße
Deutsche Alleenstraße
Naturpark Pfälzerwald
Diemersteiner Wald
1
2
3
4
Maßstab 1:200.000
0 2 4km

Es geht auch ohne Hektik

Zwischen Bad Dürkheim und Neustadt an der Weinstraße erstreckt sich das sehr renommierte Weinbaugebiet der Mittelhaardt. Dort ist sozusagen der Weinadel zu Hause. Das milde Klima lässt nicht nur Trauben reifen, es prägt auch die Menschen. Sie feiern das ganze Jahr über, gerne gemeinsam mit Gästen.

❶ Grünstadt

Inmitten des Leininger Landes liegt Grünstadt (13 000 Einw.), Einkaufszentrum für die Region mit schöner Fußgängerzone. Die Leininger Grafen residierten dort ab 1700 und hinterließen der Stadt barocke Gebäude.

SEHENSWERT
Die **Martinskirche** ist das Wahrzeichen von Grünstadt, und ihr 60 Meter hoher Turm schon von Weitem zu sehen. Das jetzige Gebäude entstand überwiegend Anfang des 18. Jh. und ist Beispiel für die repräsentativen protestantischen Predigtkirchen dieser Zeit. Sie steht am südlichen Ende der Fußgängerzone, an deren Nordseite das **alte Rathaus** liegt, wo samstags auch der Wochenmarkt stattfindet.

UMGEBUNG
Bockenheim, am Beginn der Deutschen Weinstraße, ist im 12. Jh. um eine Burg der Grafen von Leiningen herum entstanden. Bevor sich die Leininger Grafen in Grünstadt niederließen, lebten sie auf den Burgen Alt- und Neuleinigen, die 1690 im Pfälzischen Erbfolgekrieg zerstört wurden. Auf **Altleinigen** ist heute eine Jugendherberge mit Burgschänke, im ehemaligen Hauptgraben der Burg ein öffentliches Freibad (Mai–Sept. 8.30–19.00 Uhr). **Neuleinigen**, um 1240, ist als Rechteck mit starken Türmen in den Ecken erbaut. In einem Turm ist heute ein historisches Museum untergebracht (April–Okt. 2. und 4. So. und Fei. 13.00–17.00 Uhr). Im Sommer Open-Air-Konzerte, am 1. und 2. Adventswochenende romantischer Weihnachtsmarkt. Ein Städtchen zum Bummeln und um die Zeit zu vergessen ist **Freinsheim** TOPZIEL mit seiner mittelalterlichen Stadtmauer, den kleinen Häusern, schönen Geschäften und vielen Restaurants, Weinstuben und Cafés.

RESTAURANT
Im Sandsteingewölbe unter der Neuleininger Burg im Stil des 16. Jh. und im Burggarten bieten die Köche der €€ **Burgschänke** Pfälzer Gerichte und vielfältige Fleischvariationen an (Kirchengasse 14, 67271 Neuleiningen, Tel. 06359 29 34, tgl. 10.00–14.00 und 18.00–24.00 Uhr, Sa. nur abends).

Die moderne Alex Weinlounge in Herxheim am Berg, Klosterruine Limburg und das Riesenfass in Bad Dürkheim: Kontraste an der Weinstraße.

INFORMATION
Touristinformation, Hauptstr. 84
67269 Grünstadt, Tel. 06359 9 29 72 34
www.gruenstadt.de

❷ Bad Dürkheim

Mit der Kurstadt Bad Dürkheim (18 500 Einw.) beginnt die berühmte Weinlage der Mittelhaardt, die sich besonders durch gehaltvolle Rieslinge einen Namen gemacht hat. Anfang September kommen weit mehr als eine halbe Million Menschen zum Wurstmarkt, einem der größten Weinfeste, nach Bad Dürkheim.

SEHENSWERT
Der Wurstmarktplatz ist ein guter Ausgangspunkt für einen Stadtrundgang. Der riesige Parkplatz grenzt an den **Gradierbau**, Teil der ehemaligen Saline. Über dessen Wände aus Reisig rieselt Salzwasser, das in Sonne und Wind verdunstet und somit die Salzkonzentration erhöht. Die Solepartikel in der Luft erleichtern das Atmen. Über den Kurpark kommt man zur **Kirche St. Ludwig** und zum **Kurhaus** mit Spielbank (tgl. ab 14.00 Uhr). Der **Römerplatz**, das Zentrum des Ortes mit Restaurants und Cafés, heißt nach dem 1495 gebauten **Rathaus** (Römer). Über den Stadtplatz geht man zum **Obermarkt**, wo seit dem Mittelalter Markt abgehalten wird (Mi. und Sa. 6.30–13.00 Uhr). Weiter führt der Weg zur **Schlosskirche**, die bei der jüngsten Renovierung im Innern dem frühgotischen Stil angepasst wurde.

MUSEEN
Das **Stadtmuseum** im Haus Catoir zeigt Dokumente zur Stadtgeschichte, zum Weinbau und zu Dürkheimer Künstlern (Römerstr. 20, www.bad-duerkheim.com; Di.–So. 14.00–17.00 Uhr). Im **Pfalzmuseum für Naturkunde** geht es um Geologie, Tier- und Pflanzenwelt der Pfalz, um ökologische Zusammenhänge und das Bio-

sphärenreservat Pfälzerwald-Nordvogesen (Hermann-Schäfer-Str. 17, www.pfalzmuseum.de; Di.–So. 10.00–17.00, Mi. bis 20.00 Uhr).

ERLEBEN
Highlight des Dürkheimer Herbstes ist Anfang September der **Wurstmarkt** **TOPZIEL** (www.duerkheimer-wurstmarkt.de), Highlight des Dürkheimer Frühlings sind Anfang März die **Weinnächte**. Auf sechs Kilometern führt der Weg durch bekannte Lagen an 25 Winzern vorbei (www.weinbergnacht.de).

UMGEBUNG
Die Weinlage Weilberg haben vor fast 2000 Jahren schon die Römer genutzt, was man an Resten einer großen **Villa** und einer **Tretkelteranlage** sehen kann. Das Haupthaus soll 150 Meter lang gewesen sein. Der Blick von diesem ganzjährig frei zugänglichen Freilichtmuseum über die Weinberge ist fantastisch. Das gilt auch für die **Ruine Hardenberg**, eine Mischung aus Schloss und Festung mit einer Ausstellung zur Geschichte der Burg und den Grafen von Leiningen, die sie als Wohnschloss nutzten (Mitte März–Okt. Di.–So. und Fei. 10.00–18.00, Nov., Feb.–Mitte März Sa., So., Fei. 10.00–17.00 Uhr, Dez. und Jan. geschlossen).

INFORMATION
Tourist Information, Kurbrunnenstr. 14
67098 Bad Dürkheim, Tel. 06322 93 51 49
www.bad-duerkheim.com

3 Deidesheim

In Deidesheim (4000 Einw.) sind die großen Namen der Weinwelt zu Hause. In dem als Denkmalzone ausgewiesenen historischen Stadtkern mit den kleinen Gassen und dem Schlossgarten geht alles ein bisschen langsamer, weshalb sich Deidesheim den cittaslow-Städten angeschlossen hat, die sich zum Ziel gesetzt haben, den Menschen noch Mensch sein zu lassen.

Tipp

Die Sinne schärfen

Wie soll man nur bei dieser Fülle an guten Winzern den Wein finden, der zu einem selbst passt? Probieren geht über studieren, gewiss, aber ein bisschen „Weinwissen" kann auch nicht schaden. Dr. Steffen Michler bietet in Bad Dürkheim Weinsensorik-Seminare an, bei denen man seine Sinne für die Weinverkostungen schärfen kann.

MICHLERS WEINERLEBNISSE
Römerplatz 13, 67098 Bad Dürkheim,
www.weinsensorik.de

Rund um die Stiftskirche hat Neustadt viele schöne Gassen (oben). Über Freinsheim wacht das Innere Eisentor (oben rechts). Gefeiert wird auch gern direkt in den Weinbergen.

SEHENSWERT
Das vermutlich meist fotografierte Haus von Deidesheim ist das barocke **Rathaus** in der Nähe des Marktplatzes. 1724 erhielt das Gebäude die prächtige zweiseitige Freitreppe mit Baldachin an der höchsten Stelle. Die Glasgemälde im Ratsherrensaal zeigen Szenen aus der Stadtgeschichte. Anfang des 20. Jh. spendeten Reichsrat Franz Buhl und Dr. Bassermann-Jordan das passende Mobiliar und die Fenster. Die **Pfarrkirche St. Ullrich** entstand Mitte des 15. Jh. und ist aus dieser Zeit der einzige größere Kirchenbau in der Pfalz. Die Spitze des Turmhelms neigt sich rund 25 Zentimeter nach Westen, sodass der Turm schief wirkt. Gegenüber auf dem Marktplatz steht der **Andreasbrunnen**, ein pfälzischer Eisengussbrunnen im Stil der italienischen Renaissance, vor dem **Deidesheimer Hof**. Helmut Kohl verhalf ihm zu Berühmtheit, indem er dort Staatsgäste aus aller Welt mit Saumagen bewirtete.

MUSEEN
Neben der „Kanne", dem ältesten Gasthaus der Stadt, das heute vom Weingut Dr. Bürklin-Wolf als Vinothek betrieben wird, geht es zum **Deutschen Museum für Foto-, Film- und Fernsehtechnik** mit mehr als 5500 Exponaten von der Laterna magica über Rollbildkameras bis zu modernen Fernsehkameras (Weinstr. 33, www.dftm.de; März–Dez. Do. 10.00–16.00, Fr., Sa. 14.00–18.00, So. ab 11.00 Uhr). Im **Museum für Weinkultur** im historischen Rathaus liegt der Schwerpunkt tatsächlich auf Weinkultur und nicht auf Weinbau (Marktplatz, www.weinkultur-deidesheim.de; Mi., Fr. 15.00–18.00, Sa. 14.00–17.00 Uhr).

ERLEBEN
Am Dienstag nach Pfingsten wird in Deidesheim ein Geißbock, also ein Ziegenbock, versteigert. Das geht auf eine alte Abmachung mit der Stadt Lambrecht zurück, wandelte sich aber schon im 19. Jh. zu einem Volksfest. Um 5.30 Uhr startet der **Geißbock-Marsch** in Lambrecht mit Bock, gegen 18.00 endet das Spektakel mit der **Versteigerung** des Bockes in Deidesheim.

HOTEL
Der **€€€** **Deidesheimer Hof** bietet Gastlichkeit und Gastronomie auf hohem Niveau. Essen kann man im Sterne-Restaurant Schwarzer Hahn oder im Restaurant St. Urban (Am Marktplatz, 67146 Deidesheim, Tel. 06326 9 68 70, www.deidesheimerhof.de).

UMGEBUNG
Wahrzeichen von Wachenheim ist die **Ruine Wachtenburg** aus dem 12. Jh. Im Burgmuseum sind archäologische Funde ausgestellt (Schlossgasse 29, Mi. 12.00–18.00, Fr. 12.00 bis 23.00, Sa. 11.00–23.00, So. 10.00–20.00 Uhr). Stärken kann man sich in der **Burgschänke** (Waldstr. 95, Tel. 06322 6 46 56, Mo., Di. Ruhetag). Im **Schloss Wachenheim** ist die gleichnamige Sektkellerei zu finden (s. Aktiv). Daneben steht die **Simultankirche St. Georg**, eine spätgotische Kirche mit barocker Ausstattung. Dass bei Wachenheim schon die Römer siedelten, belegt das **römische Landgut** direkt an der B 271. Die „villa rustica" war durch ein weitläufiges Herrenhaus, großzügige Badeanlagen und einen fast vollständig erhaltenen Keller gekennzeichnet, alles an Grundmauern gut zu erkennen (frei zugänglich).

INFORMATION
Tourist-Information, Bahnhofstr. 5
67146 Deidesheim, Tel. 06326 9 67 70
www.deidesheim.de

Tourist-Information, Weinstr. 15
67157 Wachenheim an der Weinstraße
Tel. 06322 9 58 08 01, www.wachenheim.de

4 Neustadt an der Weinstraße

Neustadt (53 000 Einw.) ist die größte Stadt an der Deutschen Weinstraße und Zentrum des Deutschen Weinbaus.

SEHENSWERT
Die **Stiftskirche** (14. Jh.) am Marktplatz mit den beiden unterschiedlichen Türmen ist das Wahrzeichen der Stadt. Seit 1714 ist sie Simultankirche, d. h. das Langhaus ist evangelisch, der Chor katholisch, getrennt durch eine Mauer. Besonders beeindruckend die Fresken im Chorraum und im Paradies aus dem 15. Jh. (Turmführung Sa. 12.00, Kirchenführung Fr. 16.00 Uhr). Der Marktplatz ist das Herzstück der Stadt mit dem barockem **Rathaus** und dem **Scheffelhaus** (1580), benannt nach Victor von Scheffel, der es besungen hat. Über die schmale **Metzgergasse** mit einem der ältesten Fachwerkhäuser der Pfalz (Nr. 3, 1382) gelangt man in die Kunigundengasse und auf die Hauptstraße. Neustadt hat trotz einiger Bausünden nach 1945 eine schöne Altstadt, was sich auch in der **Mittel- und Hintergasse** zeigt. Am **Elwedritsche-Brunnen** auf dem Marstallplatz treiben die Pfälzer Fabelwesen vor allem im Sommer, wenn das Wasser läuft, allerhand Unfug.

MUSEEN
In einem kleinen Park liegt die Gründerzeitvilla Böhm mit **Stadtmuseum**, wo die Stadtgeschichte sehr modern gezeigt wird (Villenstr. 16b, www.stadtmuseum-neustadt.de; Mi., Fr. 16.00–18.00, Sa, So. 11.00–13.00 und 15.00 bis 18.00 Uhr). **Otto Dill**, neben Max Slevogt der bekannteste Maler der Pfalz, ist ein eigenes Museum mit starken Tier- und Landschaftsbildern gewidmet (Manfred-Vetter-Str. 8, www.otto-dill-museum.de; Mi., Fr. 14.00–17.00, Sa., So. 11.00–17.00 Uhr). Lokomotivenfans kommen bei der Vielzahl der Ausstellungsstücke im **Eisenbahnmuseum** auf ihre Kosten. Von Mai bis Oktober fährt die Museumsbahn **Kuckucksbähnel** TOPZIEL sonntags nach Elmstein (Museum Schillerstr. 3, www.eisenbahnmuseum-neustadt.de; März–Mitte Dez. Di.–Fr. 10.00–13.00, Sa., So., Fei. 10.00–16.00 Uhr; Bahn Gleis 5, Bahnhof Neustadt, Mai–Mitte Okt. So. vormittags).

ERLEBEN
„Hinauf, hinauf zum Schloss“ war nicht nur der Ruf der entschlossenen Demokraten, die 1832 zum **Hambacher Schloss** TOPZIEL zogen, das sollte auch heute für jeden Besucher der Region eine Aufforderung sein. Die Ausstellung im Schloss zeigt die Ereignisse rund um das Hambacher Fest 1832 in mehreren Abschnitten mit interessanten Mitmachstationen. Heute muss man nicht unbedingt hochlaufen, sondern kann auch das Auto nehmen (April–Okt. tgl. 10.00–18.00, sonst 11.00–17.00 Uhr).
Im Ortsteil **Gimmeldingen** wird im Frühjahr eines der schönsten Mandelblütenfeste gefeiert. Wann genau, entscheidet sich nach dem Stand der Blüten, aber in der Regel im März. Da das Fest sehr beliebt ist, sollte man rechtzeitig anreisen (www.mandelbluetenfest.de).

INFORMATION
Tourist-Information, Hetzelplatz 1
67433 Neustadt an der Weinstraße
Tel. 06321 92 68 92, www.neustadt.eu

Genießen Erleben Erfahren

DuMont Aktiv

Die Besten für den Sekt

Bitte nicht nippen. Wer einen Sekt genießen will, sollte sich nicht vornehm zurückhalten, sondern sich einen guten Schluck gönnen. Das richtige Sekttrinken ist nicht das Einzige, das man bei einer Führung durch die Keller von Schloss Wachenheim lernt.

Vor Ort wird nachvollziehbar, weshalb Schloss Wachenheim als eines der traditionsreichsten Sekthäuser in Deutschland gilt. 1888 gegründet, behauptet sich die Schloss Wachenheim AG weltweit unter den führenden Sektkellereien. In Wachenheim selbst werden die limitierten Editionen versektet.

Entscheidend für einen guten Sekt sind die Trauben. Angefaulte Beeren haben keine Chance, ins Fass zu kommen, wo in einem ersten Gärungsprozess aus Most Wein wird. Der Weg vom Wein zum Sekt führt über die zweite Gärung, angestoßen durch Zucker und Hefe, die Dosage. Die Hefe spaltet den Zucker in Alkohol und Kohlensäure und setzt sich in der liegenden Flasche langsam ab. Mindestens neun Monate. Um die Hefe aus der Flasche zu holen, rütteln Maschinen die Flaschen so lange, bis der Hefepfropf hinter dem Kronkorken sitzt. Bei minus 20 Grad wird der Flaschenhals gefroren. Beim Öffnen des Kronkorkens schießt der Pfropf heraus, die Flasche wird verkorkt, bekommt den typischen Drahtkorb, die Agraffe, eine Kapsel und eine schicke Halsschleife. Der Sekt ist trinkbereit. Allerdings sollte man das Glas nur etwa zu zwei Dritteln füllen, damit sich die Blume richtig entfalten kann. Und dann bitte nicht nur nippen.

Weitere Informationen
Schloss Wachenheim AG: Kommerzienrat-Wagner-Str. 1, 67157 Wachenheim, Tel. 06322 / 94 27 380, www.schloss-wachenheim-pfalz.shop

Allgemeine Kellereiführung: ohne Anmeldung, März–Okt. Do., Sa. 14.00, So., Fei. 11.00, Nov.–Feb. Sa. 14.00 Uhr

Die Editionen der Sektkellerei „Schloss Wachenheim“ sind vor Ort oder im Online-Shop erhältlich. Vor dem Kauf kann man alle Sekte verkosten.

Lebensart reift mit den Trauben

Wer Pfalz sagt, meint in der Regel nur eine der vielen Regionen – die Weinstraße. Manche fokussieren den Blick noch stärker und haben bei Pfalz das malerische Winzerdorf St. Martin vor Augen, die Theresienstraße in Rhodt, die Villa Ludwigshöhe, blühende Mandelbäume bei Edenkoben, Burgen, Kastanienwälder und viele, viele Weinprobierstände.

Weinberge, so weit das Auge reicht, zeigt der Blick von der Kleinen Kalmit. Der Pfälzerwald gibt ihnen Schutz vor zu viel Wind und Regen.

Den Namen „Deutsche Weinstraße“ erhielt der Landschaftsraum zwischen Rheinebene und Pfälzerwald im Jahr 1935, und zwar als Marketingmaßnahme. Mit dem Etikett „Deutsche Weinstraße“ sollten die Winzer neue Absatzmärkte erschließen können. Das hat geklappt und gleichzeitig hat sich die Weinstraße zu einer Urlaubsregion entwickelt. Vor allem weinorientierte Kurzurlauber und zahlreiche Tagestouristen kommen. Gerade an sonnigen Wochenenden. Montags stöhnen die Pfälzer dann über die „KaRaLuMas“, die überall Straßen, Wege und Weinstuben verstopften. Und das, obwohl die Ausflügler doch bereitwillig am Straßenrand Kartoffeln, Äpfel, Walnüsse, Kürbisse, Wein und Schnaps in den Kofferraum laden und damit für Umsatz sorgen. Meistens werden diese Klagen deshalb auch mit einem Augenzwinkern begleitet. KaRaLuMa? So nennen die Pfälzer die Tagestouristen mit den Autokennzeichen für Karlsruhe, Rastatt, Ludwigshafen und Mannheim.

Beeindruckendes Farbenspiel

Wer von Osten aus der Rheinebene Richtung Pfälzerwald fährt, hat ein beeindruckendes Panorama vor Augen. Aus der Ebene kommend steigt man allmählich in die Vorbergzone der Haardt ein, was so viel wie „lichter Wald“ bedeutet. Die

Im Sommer schimmern die Rebstöcke in vielen Grüntönen.

langsam ansteigende Landschaft ist von Rebstöcken überzogen, die im Sommer in unglaublich vielen Grüntönen schimmern und im Herbst ein fantastisches Farbenmeer zaubern. Rund 200 Meter hoch liegen die pittoresken Weinorte wie St. Martin oder Rhodt unter Rietburg, die sich an den oberen Rand der Haardt schmiegen, bevor diese weiter in den riesigen Pfälzerwald ansteigt. Wer an diesem Übergang zwischen Wein

Die Beschaffenheit des Bodens und die Pflege der Rebstöcke sind neben den klimatischen Bedingungen wesentlich für einen guten Wein.

Erfinderisch: Maikammer ist die Heimat des Klappmeters

Ob man den Wein sozusagen vor Ort wie beim Dirkweiler Weinfrühling oder lieber in der warmen Stube in der Tanzgasse in St. Martin genießen möchte, bleibt in der Pfalz jedem selbst überlassen, getreu dem Motto „lewe und lewe lasse“.

Hoch über Rhodt und Edenkoben steht die Villa Ludwigshöhe, 1836 bis 1842 erbaut vom Großvater des bayerischen Märchenkönigs.

Ein Teil der Villa ist Max Slevogt gewidmet, einem impressionistischen Maler, der viel in der Pfalz gearbeitet hat und zeitweilig in Leinsweiler lebte.

Hochherrschaftlich fühlt es sich auf dem Balkon der Villa Ludwigshöhe an. Allerdings gelangt man dorthin nur bei Führungen.

Junge Künstler zieht es heute ebenso in die Pfalz wie vor 100 Jahren. Rachel von Morgenstern, Stipendiatin in Edenkoben, zeigt die Ergebnisse ihrer Arbeit in einer Ausstellung.

und Wald unterwegs ist, auf dem Pfälzer Weinsteig oder einem der lokalen Wanderwege, hat an guten Tagen eine Sicht bis zum Schwarzwald und Richtung Nordosten bis zum Odenwald. Und von diesen guten Tagen gibt es viele, zu jeder Jahreszeit. 1800 Sonnenscheinstunden zählen die Meteorologen in der Pfalz und mit einer Durchschnittstemperatur von 11 Grad ist die Pfalz eine der wärmsten Regionen Deutschlands.

Machtzentrum der Staufer

Diese angenehmen Temperaturen machten sicher auch das Leben auf den unbeheizten Burgen oberhalb der Weinorte etwas leichter. Auf alle Fälle sah man immer rechtzeitig, wer sich aus der Ebene oder von der Waldseite her näherte. Heute sind die Burgen meist Ruinen mit Gaststätte, was sie zu beliebten Ausflugszielen macht. Wie die Rietburg oberhalb von Rhodt, die Madenburg bei Eschbach, die Burg Landeck bei Klingenmünster mit dem am besten erhaltenen Bergfried der Pfalz und natürlich „die" Burg unter den Pfälzer Burgen, die Trifels bei Annweiler. Was man dort heute sieht, hat wenig mit dem zu tun, was im Hochmittelalter auf dem Fels als Gebäude stand, als die Trifels für zwei Jahrhunderte Reichsburg war, von 1113 bis wahrscheinlich 1310. Damals lagerten in der Burg auf dem riesigen Buntsandsteinfelsen die Reichskleinodien Krone, Zepter und Reichsapfel. Diese befinden sich heute im Kunsthistorischen Museum Wien, aber auf der Trifels sind detailgetreue Nachbildungen ausgestellt. Die mittelalterliche Burg war als deutliches Zeichen kaiserlicher Macht erbaut worden, was vermutlich auch den bekanntesten der Gefangenen einschüchtern sollte. Der englische König Richard Löwenherz war drei Wochen auf der Burg gefangen, allerdings nicht bei Wasser und Brot sondern eher als eine Art Gast. Als das englische Königshaus die geforderte hohe Lösegeldsumme bezahlt hatte, ließ Heinrich VI. den Kreuzfahrer wieder ziehen.

In den Winzerhöfen wie im Vinorant des Weinguts Fleischmann Krieger in Roth an der Theresienstraße bleibt es abends lange warm, wenn die alten Steinmauern langsam die gespeicherte Wärme des Tages abgeben.

Die Vielfalt der Pfälzer Gesteinsarten spiegelt sich in der Vielfalt der Weine wider.

„Keschde" über „Keschde"

Lange vor den Saliern und Staufern waren auch in dieser Gegend der Pfalz die Römer angekommen und brachten neben den Weinreben Kastanienpflanzen mit: „Keschde", wie der Pfälzer sagt. Die Integration ist perfekt gelungen. Der Oktober ist der Hauptmonat der Kastanie. Da wird sie in vielen Orten gefeiert und taucht in Broten, Wildgerichten, Bratwürsten und natürlich auch im Saumagen auf. Und das nicht nur entlang des 60 Kilometer langen „Keschdewegs". Auch die äußerst vielfältige Gastronomie der kleinen Universitätsstadt Landau hat dann „Keschde" auf der Karte. 6500 Studierende genießen die sehr persönliche Atmosphäre der ehemaligen Festungsstadt und verjüngen das Stadtbild enorm. Wer mal nicht im Wald oder zwischen Reben wandern will, kann rund um Landau in mehreren Parks spazieren gehen oder sich durch die zahlreichen alten Gassen mit interessanten Geschäften treiben lassen. Dienstags und samstags ist Wochenmarkt und an vielen Ständen merkt man, wie nah Frankreich liegt. Spezialitäten aus dem Nachbarland gehören so selbstverständlich ins Angebot wie Saumagen, Bratwurst oder Kartoffeln, hier besser bekannt als „Grumbeere". Beim Stand vom Bäcker Becker gibt es das einzige Brot, das nicht mit Wasser sondern ausschließlich mit Riesling gebacken ist.

Weinerlebnispfad für alle Sinne

Landau ist eine der größten weinbautreibenden Gemeinden Deutschlands, was aber weniger mit der Stadt selbst als mit den eingemeindeten Orten ringsum zu tun hat. Zum Beispiel mit Nußdorf und seinem außergewöhnlichen Weinerlebnispfad für alle Sinne. 20 Skulpturen und Objekte aus Holz, Stein und Stahl stehen zwischen den Reben und den Erklärtafeln zum Weinbau. Wahrzeichen ist eine riesige Stahlskulptur, die einen Pfad und eine Rebe symbolisiert. Das „terroir", ein Tisch aus Stahlblech und Glas, verbindet Kunst mit Wissen. In den zehn Fächern unter der Glasplatte sind die Bodensorten zu sehen, die für die Südliche Weinstraße typisch sind. Diese Vielfalt der Gesteinsarten spiegelt sich in der Vielfalt der Weine wider. Immer mehr Winzer, nicht nur in Nußdorf, gehen dazu über, die perfekte Kombination aus Boden und Rebsorte zu suchen, um einzigartige Weine ins Glas zu bringen. Einige der 29 Winzer der Gemeinde schenken ab Pfingsten sonntags in den Weinbergen beim Erlebnispfad ihre Produkte aus. Da ist mancher froh, dass der zwei Kilometer lange Weg ziemlich eben verläuft. Ende Januar, gleich wie

Schloss Edesheim an der Südlichen Weinstraße, ehemals Sitz der Fürstbischöfe, ist heute ein guter Ort zum Entspannen.

Köstliche Kuchen und Torten im Café Ludwig 1 in Rhodt (oben). Detail einer historischen Jahrmarkstorgel beim Heimat- und Blütenfest in Rhodt (ganz oben)

An Pfingsten geht es rund in Rhodt. Beim Heimat- und Blütenfest ist jeder Winzer und jeder Verein dabei.

Sieht aus wie Mittelalter, ist aber eine Burg, die sich im Laufe der Jahrhunderte stark veränderte: die Burg Trifels bei Annweiler, einst Machtzentrum des Stauferreiches.

Ob original oder nicht, die Burg Trifels ist auf alle Fälle beeindruckend. Beim Stationentheater stellt ein Schauspieler König Richard Löwenherz dar, einst Gefangener auf der Burg. Der mächtige Kaisersaal reicht über mehrere Stockwerke.

Schöne Orte für eine Pause finden sich zahlreich entlang der Weinstraße.

Bäume und Burgen, Burgen und Bäume prägen den Pfälzerwald, der sich hinter der Weinstraße Kilometer weit ohne Unterbrechung ausbreitet: Trifels, Anebos und Münz im Nebel.

kalt es ist, präsentieren die Nußdorfer in den Weinbergen beim „Erlebnis in Rot" ihre Spätburgunder, Merlot, Dornfelder und St. Laurent, aber auch wärmenden Glühwein. Ende Mai setzen sie den Kontrapunkt mit dem „Erlebnis in Weiß". Und alles zusammen kann man in der Nacht der offenen Keller vor dem 3. Oktober verkosten.

Kurbetrieb nach Kneipp

Es sind diese kleinen weinbautreibenden Orte, die die Touristen in die Pfalz ziehen. Zugegeben, Städte gibt es auch nicht wirklich viele. Neben Landau ist Bad Bergzabern ein größerer Ort, wenn auch mit deutlich weniger Einwohnern als die Universitätsstadt. In Bergzabern liegt der Schwerpunkt auf dem Kurbetrieb. Seit 1963 trägt die Stadt den Titel „Bad". Bergzabern ist ein Kneipp-Heilbad, was nicht zu übersehen ist. Im Kurpark stehen die fünf Säulen der Kneippschen Gesundheitslehre: Wasser, Bewegung, Heilpflanzen, ausgewogene Ernährung und bewusste Lebensführung, erlebbar auf dem dort beginnenden Lehrpfad. Wer sich vor allem dem Element Wasser widmen möchte, ist in der Südpfalz-Therme direkt am Kurpark bestens aufgehoben. Die Therme liegt an einem vorgeschlagenen Rundgang durch die Stadt, der an allen Sehenswürdigkeiten vorbei und teilweise durch enge romantische Gassen führt. Man sollte allerdings auf diesem Weg bleiben, denn abseits dieser Route bietet die Stadt manchmal auch etwas ernüchternde Anblicke.

Pfälzer leben – und denken

Die Vielzahl an Cafés, Weinstuben, Wirtschaften, Restaurants und Vinotheken in Bad Bergzabern und allen anderen Pfälzer Orten wirkt wie eine Bestätigung des alten süddeutschen Spruches „Schwaben schaffen, Badener denken und Pfälzer leben". Lebensart und Genießen kann in diesem Landstrich jeder lernen und das muss nicht teuer sein. Es geht mehr um die Einstellung. Wie ge-

Ein großer Festumzug gehört manchmal auch zu einem Weinfest, wie hier in Billigheim beim Purzelmarkt im September, dem ältesten Volksfest der Pfalz. Vom Oberen Tor geht es in historischen Verkleidungen zur Festwiese.

Auch moderne Gruppen nehmen am Umzug teil, als Verein, als Familie oder als Freundeskreis. Und jeder lässt sich ein Motto einfallen.

Im Zeichen der Wurst wird das Straßenvolk gegrüßt.

Hauptsache Spaß, für Groß und Klein.

„Schwaben schaffen, Badener denken und Pfälzer leben."

Süddeutsche Redensart

sellig die Pfälzer sind, zeigt sich auch darin, wenn sich vier Leute ein Dubbeglas Weinschorle teilen. Gut, da ist ein halber Liter drin, aber es steht eben nur ein Glas für vier Leute auf dem Tisch. Ist es leer, holt einer das nächste, ist das leer... Dabei steht nicht die Sparsamkeit im Vordergrund, mehr die Frische des Getränks und eben die Geselligkeit. Dubbegläser haben in der Glaswand Vertiefungen, Dubbe genannt, angeblich weil die Metzger mit ihren meist fettverschmierten Fingern dann besser zugreifen konnten und nicht abrutschten. Kreative Menschen haben Dubbegläser aus Holz als Kerzenhalter, Eierbecher und sogar Tische weiterentwickelt.

Die Weiterentwicklung des Dubbeglases ist nur ein Beispiel für die kreative Vielfalt in der Pfalz. Schon immer haben sich Künstler gerne in der Region niedergelassen. Der Impressionist Max Slevogt malte die Pfälzer Landschaft in einzigartiger Weise. Ihm ist eine Galerie in der Villa Ludwigshöhe zwischen Rhodt und Edenkoben gewidmet. Das Künstlerhaus Edenkoben vergibt jährlich Stipendien an Autoren und Künstler, die dann in der Nähe zu den Weinbergen wohnen und arbeiten können. In der Nähe des Künstlerhauses startet der „Weg der Gedichte", zehn Stahlstelen mit Poesie auf Plexiglas.

Manchmal ist alles Essig

Manches Mal ist auch Kunst, was aus den Trauben und anderen Früchten und Kräutern entsteht, die in der Pfalz reifen. Und damit ist ausnahmsweise mal nicht der Wein gemeint. Einige Winzer experimentieren erfolgreich mit Gin, Georg Heinrich Wiedemann, auch bekannt als der Schorsch Wiedemann aus Venningen, macht seit Jahrzehnten mit großem Erfolg aus den Trauben Essig, etwas, was die Winzer eigentlich fürchten. Aber sein Essig hat ziemlich wenig mit dem zu tun, was man gemeinhin darunter versteht. Jahrelang reift der Essig in den Holzfässern des „Doktorenhofs" in Venningen heran, bevor er als Edelweinessig für die Küche, zum Trinken oder als gesundheitsförderndes Mittel in spezielle Flaschen abgefüllt wird. Diese sind meist klein, denn dieser Essig ist nicht ganz billig. Fast ausschließlich von Hand wird er hergestellt, jetzt schon in der nächsten Generation. Diese hat auch neue Namen für die süß-sauren Köstlichkeiten entwickelt wie „Engel küssen die Nacht" oder „Dein ist mein ganzes Herz". Andere dagegen heißen „Vatermörder" oder schlicht „Ficus – die Feige". Bei Führungen lassen die Wiedemanns und ihre Mitarbeiter die Leidenschaft für den Essig spüren und laden auch zur Verkostung ein. Manche kommen immer wie-

Auch auf dem Platz vor dem Landauer Rathaus wird nicht nur beim Fest des Federweißer gerne gefeiert. Dienstags und samstags verkaufen Händler der Region hier ihre Waren auf dem Wochenmarkt.

Weingenuss und gute Beratung verspricht die Vinothek Par-Terre in Landau.

Zeitgenössische Kunst zeigt die Städtische Galerie Villa Streccius in Landau.

Als schönstes Renaissancegebäude der Pfalz gilt das Gasthaus Engel in Bad Bergzabern.

Erholung in der Südpfalztherme in Bad Bergzabern, in direkter Nachbarschaft zum Kneipp-Lehrpfad.

Special

Alla Hopp

Dorado für alle Generationen

„Alla hopp!“ sagt der Pfälzer, wenn es losgehen soll. „Alla hopp!“ sagt die Dietmar-Hopp-Stiftung und lockt die Generationen auf ihre Spielplätze.

Kernstück aller 19 „alla hopp!“-Anlagen ist ein Bewegungsparcours, um Kraft, Ausdauer, Beweglichkeit und Koordination zu trainieren. Da geht es über Baumstämme oder riesige Kiesel, auf wackelige Holz- oder Seilbrücken, je nachdem, was sich die Macher vor Ort einfallen ließen, um Menschen in Bewegung zu bringen. Beraten hat sie dabei ein Expertenteam der Hopp-Stiftung.

Hoch hinaus im Alla-Hopp-Park

45 Millionen Euro stellte die Stiftung für das Projekt zur Verfügung. Gemeinden in der Metropolregion Rhein-Neckar konnten sich bis Herbst 2013 mit einem geeigneten Grundstück bewerben. Wer den Zuschlag bekam, half beim Aufbau des Bewegungs- und Begegnungsparks mit und ist für die Erhaltung zuständig. Ein Einsatz, der sich gelohnt hat, denn auf den „alla hopp!“-Anlagen ist immer etwas los. Nicht nur bei Kindergeburtstagen. Auch Senioren kommen auf den Crosstrainern ins Schwitzen, springen Trampolin oder entspannen in den Hängematten. Zum Beispiel in Ilbesheim, Rülzheim, Edenkoben oder auch in Deidesheim, Speyer und Grünstadt.

der, um die reine Essigluft in den Kellern zu genießen.

Kuriositäten am Rande

Von Venningen ist es nicht weit nach St. Martin, einem der Top-Touristik-Orte der Weinstraße mit seinen wunderschönen Winzerhöfen, Weinstuben und Gassen. Am besten man lässt das Auto am Ortsrand stehen und erobert das Dorf zu Fuß, was sich grundsätzlich für die Weinstraßenorte empfiehlt. Auch für Maikammer, wo schon am südlichen Ortseingang ein riesiger Klappmeter zeigt, dass dort technischer Sachverstand zu Hause ist. Dieses Metermaß, das in jedem Baumarkt zuhauf liegt, präsentierten die Maikammerer Brüder Franz und Anton Ullrich 1889 auf der Pariser Weltausstellung. Von Maikammer geht es auf die Kalmit, den höchsten Berg des Pfälzerwalds mit großartiger Fernsicht. Nicht wundern, wenn sich eine größere Ansammlung von Radfahrern auf Klapprädern auf der Straße tummelt. Das ist vermutlich eine Trainingsfahrt für den Klapprad-Cup Anfang September, eine Riesengaudi. Jeder Cup steht unter einem Motto, nach dem sich die Teilnehmer verkleiden. Und dann geht's auf den echten Klapprädern der 1970er-Jahre ohne Schaltung, weil nur ein Gang, hinauf auf den Berg.

Die schönsten Terrassen der Pfalz

Essen mit Aussicht

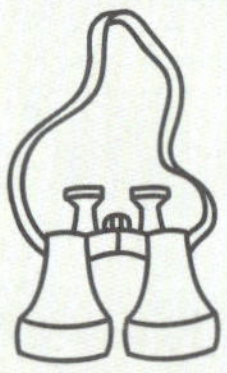

Hauptsache es schmeckt, alles andere ist Nebensache – das kann man so sehen. Und es stimmt ja auch, dass die Qualität auf dem Teller und im Glas wichtig ist. Aber ein schönes Ambiente und besondere Aussichten steigern den Genuss und verschönern nicht nur die Wartezeit.

1 Alex Weinlounge

Herxheim am Berg ist der höchste Punkt an der Deutschen Weinstraße. Gut, nicht jeder würde bei 212 Meter über N.N. von Höhe sprechen, aber das ist eben relativ. Am südlichen Ortsende, direkt an der B 271, zieht ein modernes Gebäude die Aufmerksamkeit auf sich. In der Alex Weinlounge, einer Vinothek mit Bistro, gibt es die Weine der Winzergenossenschaft und kleine Gerichte, manchmal auch Live-Musik. Und garantiert immer eine schöne Aussicht.

Alex Weinlounge, Weinstr. 1, 67273 Herxheim am Berg, Tel. 06353 9 32 56 30, alexweinlounge.de; Mi.–Fr. 15.00–22.00, Sa., So., Fei. 11.00–22.00 Uhr, keine Reservierung

2 Restaurant 1832

Hochwertige zeitgenössische Architektur kennzeichnet auch das Restaurant 1832, die sich hervorragend an das Hambacher Schloss anfügt. 1832 fand dort das „Hambacher Fest" statt, eine Demonstration für die Demokratie. Was damals geschah, sieht man in der sehr sehenswerten Ausstellung im Schloss. Wohin die Demokraten schauten, das sieht man von der Terrasse oder aus den Fenstern des Restaurant 1832. Und dieser Blick über die Weinberge in die Rheinebene lässt einen so schnell nicht mehr los, gleich ob die Sonne scheint oder der Nebel aus der Ebene langsam den Berg hochkriecht. Hin und wieder sollte man auf seinen Teller schauen, denn die regionalen Gerichte bieten Genuss für Auge und den Gaumen.

Restaurant 1832, Hambacher Schloss, 67434 Neustadt an der Weinstraße, Tel. 06321 9 59 78 80, hambacher-schloss.de; April bis Okt. tgl. 10.00–20.00 Uhr, ab 18.00 Uhr mit Reservierung, Nov.–März tgl. 11.00–18.00 Uhr, Winterpause Jan.–Mitte Feb.

3 Weingut Anselmann

Unter alten Bäumen, neben Rosen und einem kleinen Teich oder unter der Pergola finden sich viele gemütliche Plätzchen auf der Brunnenterrasse des Weinguts Anselmann, abends mit romantischer Beleuchtung. Sonntags gibt es ein Frühstücksbuffet, ansonsten selbstgebackenen Kuchen, Pfälzer Gerichte und spanische Tapas. Freitagabends kommt die große Paellapfanne zum Einsatz. Pfälzer Klima, Pfälzer Weine und spanische Küche passen perfekt zusammen.

Weingut Anselmann, Staatsstr. 58–60, 67483 Edesheim, Tel. 06323 9 41 20, weingut-anselmann.de; Mitte Mai–Oktober tgl. ab 10.00 Uhr. Für Frühstück und Paella Reservierung erforderlich

4 Café Therese in der Villa Ludwigshöhe

Benannt ist das Café in der Villa Ludwigshöhe nach Königin Therese, der Ehefrau König Ludwigs I., der die Villa erbauen ließ. Der Großvater des Märchenkönigs Ludwig II. schuf ein Anwesen mit wahrhaft königlicher Sicht in die Ebene. Die kann man kurz bei Führungen im Gebäude vom Balkon der Villa aus genießen oder so lange man will eine „Etage" tiefer vom Biergarten des Café Therese aus.

Café-Bistro Therese, Villastr. 64, 67480 Edenkoben, Tel. 06323 9 13 92 51, schloss-villa-ludwigshoehe.de; Café-Bistro: Di.–So., Fei. 10.00–18.00, Biergarten Fr. 15.00–20.00, Sa., So., Fei. ab 10.00 Uhr

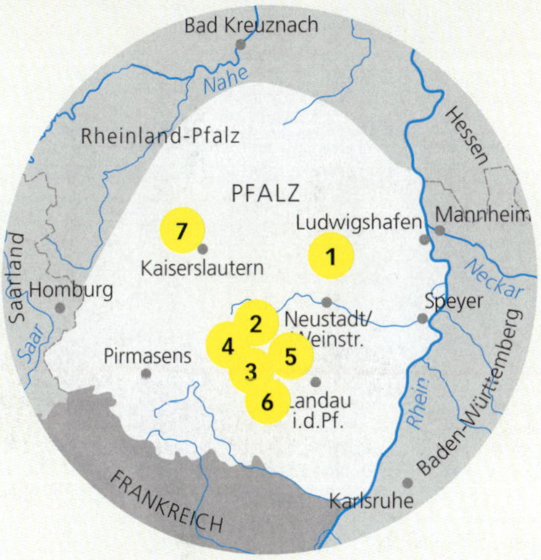

7 twentyone in Kaiserslautern

Lust auf Sonnenuntergang in Kaiserslautern? Das „twentyone" ist der Logenplatz für dieses Schauspiel. Auf der 21. Etage des Rathauses von Kaiserslautern gelegen, 80 Meter über dem Boden, öffnet sich der Blick weit über die Stadt zum Pfälzerwald. Im Sommer auch von der Terrasse aus. Die Küche ist sehr vielfältig, so dass eigentlich jede und jeder etwas finden müsste.

twentyone, Willy-Brandt-Platz 1, 67655 Kaiserslautern, Tel. 0631 3 20 43 70, 21-lounge.de; So.–Do., Fei. 17.30–1.00, Fr., Sa. bis 2.00 Uhr

5 Winzerstube Weyher

Durch Weyher kommt man nicht einfach so per Zufall. Den Weinort muss man schon gezielt ansteuern. Und das sollte man auch unbedingt tun. An der Kirchgasse, in einem klassischen Pfälzer Haus mit Torbogen über der Hofeinfahrt, liegt die Winzerstube Weyher. Das Haus stammt aus dem 17. Jh. und ist innen in einem Mix aus alt und modern gestaltet. Aus Volker Krugs Küche kommen preiswerte und gute Überraschungsmenüs während der Woche, am Freitag ist das auf alle Fälle ein Fischmenü. Nicht jeder kann auf Anhieb sagen, ob er wegen der Küche nach Weyher fährt oder wegen der sensationellen Aussicht von der Terrasse der Winzerstube, auf der man sozusagen über den Weinbergen schwebt.

Winzerstube Weyher, Kirchgasse 19, 76835 Weyher, Tel. 06323 98 78 18, volker-krug.de; Do.–Mo. 17.30–23.00, So. ab 11.30 Uhr

6 Burgschänke Madenburg

Bis zu 400 Personen finden auf den Bänken und an den Tischen der Burgschänke Madenburg Platz, allerdings nur im Freien. Innen sind es gerade mal 40. Aber wenn man den Rundblick von der Madenburg auf Rheinebene und Pfälzerwald genießen will, geht man in der Regel ja bei gutem Wetter zur Burgruine hinauf. Zur Belohnung gibt es neben der fantastischen Aussicht alle Pfälzer Klassiker wie Leberknödel, Saumagen, Bratwurst und Sauerkraut, aber auch Flammkuchen, denn das Elsass ist ja nicht mehr weit.

Burgschänke Madenburg, 76831 Eschbach, Tel. 06345 71 10, madenburg-pfalz.de; Jan.–März Mi.–So. 11.30–18.00, April–Okt. Di.–So. 10.30–20.00 Uhr, Nov.–Dez. je nach Witterung, im Sommer Mi. abends Funzelabende mit Laternen

Maßstab 1:200.000
0
2
4km
Naturpark
Pfälzerwald
Weidenthal
Frankenstein
Diemerstein
Drachenfels
Waldleiningen
Esthal
Lambrecht (Pfalz)
Elmstein
Neidenfels
Lindenberg
Deidesheim
Deutsche Alleenstraße
Wachenheim an der Weinstraße
Forst
Niederkirchen bei Deidesheim
Ruppertsberg
Deutsche Weinstraße
Neustadt an der Weinstraße
Haßloch
Hambach
Maikammer
Kirrweiler (Pfalz)
Edenkoben
Sankt Martin
Kesselberg
Rhodt unter Rietburg
Edesheim
Hainfeld
Weyher in der Pfalz
Großfischlingen
Kleinfischlingen
Venningen
Altdorf
Böbingen
Gommersheim
Schwegenheim
Harthausen
Dudenhofen
Speyer
Hanhofen
Lingenfeld
Weingarten (Pfalz)
Freimersheim (Pfalz)
Freisbach
Lustadt
Westheim (Pfalz)
Zeiskam
Hochstadt (Pfalz)
Niederhochstadt
Essingen
Bornheim
Walsheim
Roschbach
Flemlingen
Burrweiler
Gleisweiler
Frankweiler
Böchingen
Knöringen
Dammheim
Nußdorf
Siebeldingen
Albersweiler
Annweiler am Trifels
Ramberg
Dernbach
Eußerthal
Rinnthal
Birkweiler
Ranschbach
Leinsweiler
Ilbesheim bei Landau i.d. Pfalz
Eschbach
Göcklingen
Heuchelheim
Klingenmünster
Landau in der Pfalz
Mörlheim
Queichheim
Offenbach an der Queich
Bellheim
Knittelsheim
Ottersheim bei Landau
Germersheim
Sondernheim
Hördt
Rülzheim
Kuhardt
Leimersheim
Dettenheim
Liedolsheim
Hochstetten
Leopoldshafen
Impflingen
Insheim
Billigheim-Ingenheim
Mühlhofen
Rohrbach
Herxheim bei Landau/Pfalz
Herxheimweyher
Hatzenbühl
Rheinzabern
Neupotz
Jockgrim
Erlenbach bei Kandel
Kandel
Minfeld
Winden
Barbelroth
Hergersweiler
Steinweiler
Bad Bergzabern
Kapellen-Drusweiler
Oberhausen
Dierbach
Niederhorbach
Klingen
Pleisweiler-Oberhofen
Gleiszellen-Gleishorbach
Birkenhördt
Böllenborn
Dörrenbach
Oberotterbach
Niederotterbach
Vollmersweiler
Freckenfeld
Schweigen-Rechtenbach
Schweighofen
Kapsweyer
Steinfeld
Wissembourg
Wörth am Rhein
Hagenbach
Maximiliansau
Karlsruhe
Neuburg am Rhein
Berg (Pfalz)
Scheibenhardt
Lauterbourg
Rheinstetten
Forchheim
Neuburgweier
Bienwald
Mundatwald
Schifferstadt
Iggelheim
Böhl-
Meckenheim
Hochdorf-Assenheim
Rödersheim-Gronau
Dannstadt-Schauernheim
Limburgerhof
Mutterstadt
Deutsch-Französische Touristikroute
Französische Touristikroute
Rhein
1
2
3
4

Ein Ort schöner als der andere

Die südliche Weinstraße sucht die Nähe zum Pfälzerwald, der für das milde Klima der Region von großer Bedeutung ist. Gleichzeitig streckt sie ihre Fühler in die Ebene aus, um wie in Landau städtische Betriebsamkeit aufzunehmen. Von Bad Bergzabern aus ist es nicht mehr weit nach Schweigen und nach Frankreich.

1 Maikammer

Maikammer (4500 Einw.) ist neben Deidesheim die zweite citta-slow-Gemeinde an der Weinstraße. Dies sind weltweit Orte in ursprünglichen Landschaften, wo Menschen noch Traditionen pflegen und das Leben genießen.

SEHENSWERT
Ein Bummel durch Maikammer führt an stattlichen Gutshäusern vorbei mit großen Torbögen und geschmückten Erkern. Der Wohlstand, den diese Gebäude aus Barock und Renaissance widerspiegeln, kommt aus dem Weinbau. Das milde Klima lässt früher als anderswo Mandeln, Rosen und Hortensien blühen und Kiwis, Zitronen und Feigen reifen. Im **mediterranen Garten** (Immengartenstr. 24) kann man sie alle bewundern. Am südlichen Ortseingang fragt auf einer Insel im Kreisverkehr ein Kunstwerk in Form eines riesigen **Klappmeters**: „Was ist das Maß aller Dinge?", denn Maikammer ist die Heimat des Meterstabes. Im Ortsteil Alsterweiler liegt die **Mariä-Schmerzen-Kapelle** mit dem Maikammerer Altar (1445) und gotischen Tafelmalereien (Hauptstr. 5, Alsterweiler).

ERLEBEN
Über Maikammer erhebt sich die **Kalmit**, mit 673 Metern der höchste Berg im Pfälzerwald. Eine Kalmit-„Besteigung" sollte auf alle Fälle sein. Zu Fuß dem weiß-grünen Balken nach, der in ca. 2 Stunden zum Gipfel führt, allerdings dabei fast 500 Höhenmeter überwindet. Mit dem Rad auf der Stoppomat-Strecke, die über 5,75 Kilometer und 415 Höhenmeter zum Gipfel führt. Am Ortsausgang von Alsterweiler zieht man eine Karte, lässt die Zeit registrieren und los geht's. Am Kalmit-Parkplatz erfasst der Zielstoppomat die Ankunftszeit. Vom Parkplatz ist es nicht weit zum **Kalmithaus**, einer Pfälzerwald-Hütte mit Blick bis zum Speyerer Dom.

UMGEBUNG
Einer der bekanntesten Orte der Weinstraße ist **St. Martin**, weshalb sich zur Hochsaison die Touristen durch die Gassen drängen. Im Herbst ist der Ort verkehrsberuhigt. Der mittelalterliche Kern steht unter Denkmalschutz. Die **Pfarrkirche St. Martin** entstand um 700 als Wallfahrtskirche für den heiligen Martin, um 1200 als Steinbau. 1488 wurde der Turm angefügt und 1492 der Ostchor. Rund um die Kirche ist ein **Bibelgarten** angelegt. Wie wichtig der passende Boden für einen guten Wein ist, veranschaulicht der **Wein- und Steinlehrpfad**. 18 Rebsorten und das passende Gestein werden vorgestellt. Start ist am Bildhäusel am südlichen Ortseingang.

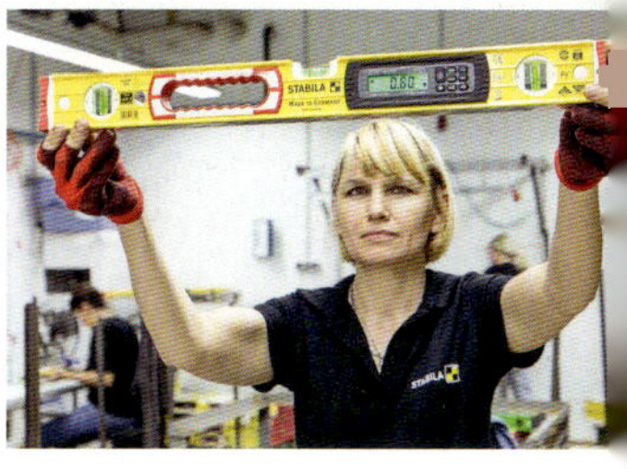

Oben: Landschaftsbilder von Max Slevogt in der Villa Ludwigshöhe. Rechts: Stabila liefert Wasserwaagen aus Annweiler in die Welt.

INFORMATION
Büro für Tourismus, Johannes-Damm-Str. 11
67487 Maikammer, Tel. 06321 95 27 68
www.maikammer.de

2 Edenkoben

Dem bayerischen König Ludwig I. gefiel die Gegend um Edenkoben (6800 Einw.) besonders gut. Zwischen 1846 und 1852 ließ er die Villa Ludwigshöhe oberhalb Edenkobens als Sommerresidenz erbauen.

SEHENSWERT
Um den Ludwigsplatz in der Altstadt mit einem Denkmal für den Bayernkönig verlaufen einige schöne Gassen. Direkt an der Weinstraße liegt das **Museum für Weinbau und Stadtgeschichte**, das sich auch dem Alltagsleben widmet (Weinstr. 107, www.museum-edenkoben.de; Ende März–Dez. Mi. 10.00–12.00, Fr. 15.00 bis 18.00, Sa.,So. 14.00–17.00 Uhr). Oberhalb von Edenkoben liegt die **Villa Ludwigshöhe** **TOPZIEL**, die der Großvater des bayerischen Märchenkönigs Ludwig II. erbauen ließ. In den 62 Räumen sind heute u.a. Werke des Impressionisten Max Slevogt ausgestellt. Die historischen Räume einschließlich imposanter Küche sind nur bei einer Führung zu besichtigen, bei der man auch auf den königlichen Balkon treten darf (Villastr. 64, 67480 Edenkoben, www.schloss-villa-ludwigshoehe.de; erste Märzhälfte und Nov. Sa., So., Fei. 10.00–17.00, Mitte März–Okt. Di.–So., Fei. 10.00–18.00 Uhr, Füh-

rungen jeweils zur vollen Stunde außer 13.00 Uhr, Kostümführungen „Der kunstsinnige König" So. 15.30 Uhr, „Der Schlossverwalter" Sa. 14.30 Uhr, „Zu Besuch bei Königin Therese" So. 11.30 Uhr).

ERLEBEN
Die einzige Sesselbahn der Pfalz, die **Rietburgbahn**, Talstation direkt hinter der Villa Ludwigshöhe, bringt einen in acht Minuten zur Burgruine, im Juli und August auch Lampionfahrten (www.rietburgbahn-edenkoben.de). Am Ortsrand von Edenkoben liegt eine der **„alla-hopp!"-Anlagen**, die zum Bewegen einladen. Einfach mal ohne Scheu die Geräte ausprobieren. Macht Spaß und tut gut.

UMGEBUNG
Am Ortsrand des zauberhaften Weinortes **Rhodt unter Rietburg** mit der weinüberrankten Theresienstraße liegt der **älteste Weinberg der Pfalz**, der Rhodter Rosengarten, mehr als 400 Jahre alt. Stefan Oberhofer aus Edesheim bewirtschaftet ihn bis heute (www.weingutoberhofer.de).
Über einen wunderschönen alten Hof geht es in das flache Gutsgebäude des **Doktorenhofs** in **Venningen**. Im Keller reifen feine Essige in Holzfässern heran, zum Trinken oder Kochen. Bei Führungen erfährt man noch mehr über die feinen Kinder der Essigmutter (Raiffeisenstr. 5, 67482 Venningen, www.doktorenhof.de; Sa. Führungen mit Degustation).

RESTAURANT
Herzhaftes für den kleinen Hunger, aber vor allem unglaublich feine Torten nach alten Familienrezepten bietet das **€ Café Ludwig 1** in Rhodt an. Das Porträt des Bayernkönigs nimmt eine ganze Wand hinter den Gästen ein (Theresienstr. 31, 76835 Rhodt unter Rietburg, www.cafe-ludwig-1.de; Mo. und Di. Ruhetag).

Tipp

Meditation am Montag

Das Kloster Heilsbruck (1262) am Ortsrand von Edenkoben war ein Zisterzienserinnenkloster, die dort auch Wein kelterten. Das Weingut Kloster Heilsbruck führt diese Tradition fort. Im Kräutergarten Klostermühle mit Blick auf die reiche Rebenlandschaft hat ein Meditationszentrum einen idealen Platz gefunden. Montags um 19.30 Uhr treffen sich Interessierte dort. Anfänger bekommen eine kurze Einführung, weshalb diese sich zuvor anmelden sollten.

ZEN SÜDPFALZ
Klosterstraße 171, 67480 Edenkoben,
www.zen-suedpfalz.de

Oben: Stilecht feiern im Dirndl auf der Theresienstraße in Rhodt. Rechts: Die Weine der Südlichen Weinstraße bei Par-Terre in Landau.

INFORMATION
i-punkt, Weinstr. 81, 67480 Edenkoben
Tel. 06323 9 89 78 58, www.edenkoben.de

3 Landau

Landau (47 000 Einw.) ist eine lebendige Stadt, wozu sicherlich die rund 8000 Studierenden der Universität Koblenz-Landau beitragen. Rund um die Stadt zieht sich ein Grüngürtel, wo früher Festungsanlagen standen. Ludwig XIV. ließ die damals französische Stadt zwischen 1688 und 1691 zur Festung ausbauen. Nach dem Krieg von 1871 war Landau nicht mehr Grenzstadt und die Festungsanlagen wurden geschleift. Nach den Weltkriegen wieder französische Garnisonsstadt, zogen 1999 die letzten französischen Truppen ab und gaben der Stadt Raum für Entwicklung.

SEHENSWERT
Am **Marktplatz** spielt sich das Leben ab, nicht nur wenn Wochenmarkt ist (Di. und Sa. 7.00 bis 14.00 Uhr). Beachtenswert das **Böckingsche Haus** (1790) mit der frühklassizistischen Fassade und das **Alte Kaufhaus**, heute Kulturzentrum. Die **Katharinenkapelle** (1344) in der Kaufhausstraße war für Beginen, eine laienreligiöse Vereinigung von Frauen, gebaut worden. Heute teilen sich Altkatholiken und Lutheraner die Kirche, Chorraum mit sehenswerten Fresken aus dem 14. Jh. (9.30–18.00 Uhr). Gegenüber steht das Wohnhaus des Urgroßvaters von Anne Frank. Sehenswert sind die Holzgalerien im Hof des **Frank-Loebschen Hauses**. Ständige Ausstellung zur Geschichte der Landauer Juden und Dokumentation über Sinti und Roma der Pfalz (Kaufhausgasse 9, Di.–Do. 10.00–12.00 und 14.00–17.00, Fr.–So. 11.00 bis 13.00 Uhr). Die **Augustinerkirche** mit restauriertem Kreuzgang in der Königsstraße verschwindet fast zwischen den Wohn- und Geschäftshäusern. Die **Festhalle** (1905–1907) im Jugendstil mit reichem Skulpturenschmuck ist heute Kulturzentrum der Südpfalz (Mahlastr. 3).

ERLEBEN
Auf **vier Routen** kann man die reiche Parklandschaft erobern, alle Wege, die zwischen 1,5 und 2,5 Stunden dauern, beginnen beim Rathaus, wo es auch entsprechendes Informationsmaterial gibt. Am 1., 3. und 5. Samstag fahren halbstündlich **Landauer** vor dem Rathaus ab (Mai–Okt., Anmeldung über Tourismusbüro). Landauer waren im 18. und 19. Jh. die wichtigsten Reisekutschen. Im Ortsteil Nußdorf lohnt ein außergewöhnlicher **Weinerlebnispfad** mit viel Kunst am Wegesrand. In Bornheim startet die **Südpfalz-Draisinenbahn**. Auf 26 Kilometern radelt man mit der Draisine durch die Pfälzer Landschaft nach Westheim, morgens hin und nachmittags zurück (April–Okt., www.suedpfalzdraisine.de).

UMGEBUNG
Die Weinstraße führt nicht nur durch wunderschöne Orte sondern auch ein Stückchen in den Pfälzerwald hinein. Sie passiert Annweiler mit der weithin sichtbaren **Kaiserburg Trifels** TOPZIEL. Im Mittelalter waren die Herrscher ständig in ihrem Reich unterwegs, doch die Trifels war für die Staufer so etwas wie ein Rückzugsort. Dort lagerten sie die Reichsinsignien wie Krone, Schwert und Zepter, die heute als Kopie zu sehen sind, da die Originale in Wien aufbewahrt werden, dort setzten sie ihre Gefangenen fest, auch Richard Löwenherz. Friedrich II. baute die Burg als Machtzentrum aus. Was man heute sieht, hat damit nichts mehr zu tun, vermittelt aber dennoch einen Eindruck wie es im Mittelalter gewesen sein könnte (www.burgen-rpl.de; Feb.–Mitte März und Nov. Sa., So., Fei. 10.00–17.00, sonst tgl. 10.00–18.00 Uhr, Führungen Sa., So., Fei. 10.30 und 13.00 Uhr, 20 Minuten Fußweg ab Parkplatz). In **Ilbesheim** liegt die **Kleine Kalmit** mit schöner Sicht und einem Weinberg am Südwesthang, der 19 verschiedene Arten der Reberziehung zeigt von der Antike bis zur Neuzeit.

INFORMATION
Büro für Tourismus, Marktstr. 50
76829 Landau in der Pfalz
Tel. 06341 13 83 00, www.landau.de

Tipp

Träumen im Schloss

Inmitten der Reblandschaft liegt beim malerischen Weinort Edesheim das €€€ **Hotel Schloss Edesheim**, wo man herrlich entspannen oder täglich zu neuen Aktivitäten starten kann: Wandern, Radtour mit oder ohne Motor, Golfspielen. Im Sommer Schlossfestspiele auf der Bühne im Burggraben.

HOTEL SCHLOSS EDESHEIM
Luitpoldstraße 9, 67483 Edesheim,
www.schloss-edesheim.de

4 Bad Bergzabern

Als „Kneippheilbad" wurde Bergzabern (8200 Einw.) 1963 anerkannt, doch schon im 19. Jh. wurden Kneippsche Kaltwasseranwendungen eingesetzt. Heute ist das Thermalbad Zentrum des Kurbetriebs.

SEHENSWERT
Wahrzeichen der Stadt ist das **Schloss**, Sitz der Herzöge von Pfalz-Zweibrücken, das sein heutiges Aussehen 1909 erhielt. Über die Königstraße zum **Gasthaus „Zum Engel"**, einem Prachtbau der Renaissance, heute u.a. Stadtmuseum (Königstr. 45, April–Dez. Di.–Fr. 16.00 bis 18.00, Sa., So. ab 14.00 Uhr). Ein wenig den Berg hinauf geht es zur **Bergkirche** (1720–30) mit barocker Ausgestaltung. Über Obere Berg- und Pfarrgasse kommt man zum Marktplatz mit **Marktkirche** (1335–40) und **Marktapotheke**, die in den 1990er-Jahren im alten Stil des 18. Jh. wieder aufgebaut wurde.

ERLEBEN
Der **Kneipp-Lehrpfad** im Kurpark bietet auf 5,5 Kilometern Länge viel Abwechslung. In der benachbarten **Südpfalz-Therme** gibt es nicht nur jede Menge warmes Wasser und wohltuende Saunen sondern auch eine Salzgrotte, deren Besuch wie ein Tag am Meer ist (Kurtalstr. 27, www.suedpfalz-therme.de, So.–Do. 9.00–22.00, Fr., Sa. bis 23.00 Uhr, Salzgrotte ab 10.00 Uhr immer zur vollen Stunde).

UMGEBUNG
Ein schönes Ausflugsziel ist die **Burg Landeck** mit dem besterhaltenen Burgfried der Pfalz (www.burglandeck-pfalz.de). Das **Deutsche Weintor in Schweigen** ist heute ein Tor der Freundschaft, beginnt doch in unmittelbarer Nähe Frankreich.

INFORMATION
Tourismusverein Südliche Weinstraße
Kurtalstr. 27 (im Gebäude der Therme)
76887 Bad Bergzabern, Tel. 06343 98 96 60
www.bad-bergzabern.de

Genießen Erleben Erfahren

DuMont Aktiv

Romantischer Aufstieg

Auch mit der Sesselbahn kann man sich hochschaukeln lassen. Doch die Schorle auf der Terrasse der einstigen Raubritterburg ist nach dem Aufstieg ein noch größerer Genuss. Und dann mit der Bahn zurück.

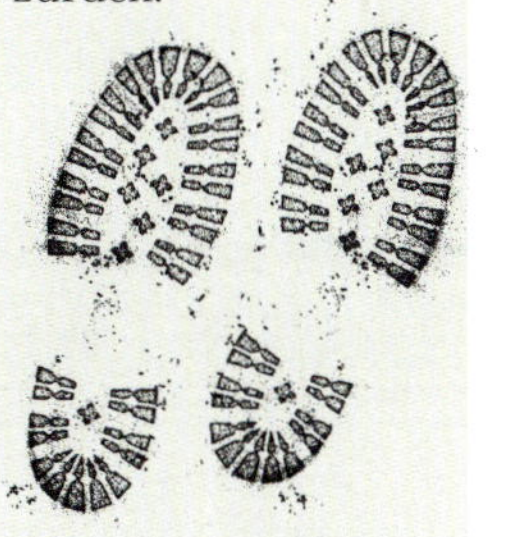

Schöne Aussichten haben Wanderer schon beim Ausgangspunkt der Tour an der Villa Ludwigshöhe. Über Weinberge reicht der Blick bis zum Schwarzwald. So verlockend es im Sommer sein mag, sich angesichts dieses Panoramas im Biergarten bei der Villa Ludwigshöhe niederzulassen, das sollte man sich für das Ende des Ausflugs aufheben und sich tapfer auf den Aufstieg durch den Wald zur Rietburg machen. Wenn man die Talstation der Sesselbahn passiert hat, kann man auf diesem Weg bleiben oder wendet sich nach links, um auf einem wunderschönen, eher schmalen Weg unter Bäumen aufzusteigen. Bis zur Burg sind etwa 300 Höhenmeter zu überwinden.

Zur Verschnaufpause lädt der „Schöne Punkt", ein kleiner Pavillon, von dem aus auch König Ludwig I. von Bayern den Ausblick genossen haben soll. Nicht schlecht, aber es wird noch besser. Hat man erst einmal den Turm der Burg erklommen, liegt einem die Welt zu Füßen. Wer jetzt nicht gerade an einem sonnigen Wochenende unterwegs ist, findet sicher einen Platz auf der Terrasse der Gaststätte. Sonst setzt man sich in einen Sessel der Bahn und sucht unten einen Platz in der Sonne.

Weitere Informationen
Wandern: Dieser ca. 2 Kilometer lange Weg lässt sich zu einer Wanderung von knapp 11 Kilometern erweitern. Der Rundweg führt von der Rietburg über den Ludwigsturm zurück zur Villa Ludwigshöhe.
Parkmöglichkeit: unterhalb der Villa Ludwigshöhe
Rietburgbahn: Anfang März–Mitte Nov. ab 9.00 Uhr
Burgschänke: April–Nov. tgl. ab 9.00 Uhr

Mit der Sesselbahn kommt man am komfortabelsten zur Ruine Rietburg und ihrer großen Aussichtsterrasse in 535 Metern Höhe.

Auf stillen Pfaden

Stundenlang kann man durch den Pfälzerwald gehen oder mit dem Rad fahren, ohne einem Menschen zu begegnen. 12 000 Kilometer Wanderwege durchziehen die Landschaft, da nimmt nicht jeder den gleichen Weg. Spätestens aber an einer der Hütten des Pfälzerwaldvereins ist es mit der Einsamkeit wieder vorbei. Oder wenn man auf der Schuhmeile in Hauenstein ankommt.

Das idyllische Karlstal im Pfälzerwald zieht auch Montainbiker an.

Recht ruhig war es im Pfälzerwald bis zum Hochmittelalter, da sich die frühen Siedler nur bis an dessen Ränder vorwagten. Wie der Heilige Pirminius, der sich im Jahr 742 mit Benediktinern in Hornbach niederließ. 1144 gingen die Zisterzienser dann tiefer in den Wald hinein und gründeten das Kloster Otterberg, 1148 das Kloster Eußerthal. Mit den Mönchen kamen die Adeligen, vom 10. bis 12. Jahrhundert die Salier, im 12. und 13. Jahrhundert die Staufer. Burg um Burg entstand auf den Sandsteinfelsen und der Pfälzerwald wurde zu einem Machtzentrum im damaligen Kaiserreich.

Heute sind die Burgen in der Regel Ruinen und Anziehungspunkte für aussichtshungrige Wanderer. Zur Burg Loewenstein, die im 13. Jahrhundert auf dem 550 Meter hohen Schlossberg bei Nothweiler erbaut wurde und schon zu Frankreich gehört, muss man über schmale Metalltreppen steigen. Die Burgruine steht auf zwei Felsen, die durch eine Schlucht getrennt und mit einer Brücke verbunden sind. Die Wegelnburg unweit von Loewenstein ist die höchstgelegene Burganlage der Pfalz und bietet Weitsicht über den gesamten Pfälzerwald und die Nordvogesen.

Die einzige noch heute bewohnte Burganlage der Pfalz, die Burg Berwartstein bei Erlenbach, galt als uneinnehmbar, bis sie 1591 nach einem Blitzschlag komplett ausbrannte. 300 Jahre hielt die Ruine einen tiefen Dornröschenschlaf bis sie ein Bergwerksbesitzer im 19. Jahrhundert entdeckte und im heutigen Stil wieder aufbauen ließ. 75 Prozent der Burg stehen im Fels. Warum galt die Burg als uneinnehmbar? Unter anderem, weil man den Bewohnern das Wasser nicht abgraben konnte. Einen 104 Meter tiefen Brunnen trieben die Arbei-

Burg um Burg entstand auf den Sandsteinfelsen des Pfälzerwalds.

Von Neustadt nach Elmstein fährt das Kuckucksbähnel, das einst die Menschen aus dem Pfälzerwald zu ihren Arbeitsplätzen brachte. Heute ist der Dampfzug eher ein Freizeitvergnügen (oben). Am Sagmühlweiher bei Trippstadt warten Betten im Weinfass auf müde Touristen (unten).

Es lohnt sich, im Pfälzerwald immer wieder eine Pause einzulegen und die weiten Blicke zu genießen (rechts).

Wandern im Pfälzerwald bringt jeden in Einklang mit sich und der Natur.

Dank der guten Wasserqualität kann man im Sägmühlweiher sorgenlos baden gehen (links).

ter bis zur Talsohle in den Berg, davon 80 Meter durch Sandstein. 40 Jahre dauerte das Projekt. Ein Schlauchgang im Fels, der zu Zeiten ausgespült wurde, als der Pfälzerwald noch von urzeitlichem Meer überflutet war, soll der einzige Zugang zur Burg gewesen sein. Mit einem Seil mussten sich die Besucher hochziehen, die Damen durften in Körben Platz nehmen, die dann nach oben gezogen wurden.

Wandern, wandern, wandern

Der Pfälzerwald bietet eines der dichtesten Wegenetze in Deutschland, sodass Burgenfans in der Pfalz locker einen zweiwöchigen Wanderurlaub verbringen können, um die Reste von einst 500 Burgen zu erobern. Oder um sich auf den Weg zu den bizarren Felsformationen zu machen, die besonders rund um Dahn wie Burgen über der Landschaft stehen. Dass der Pfälzerwald für Wanderer so hervorragend erschlossen ist, ist ehrenamtlichem Engagement zu verdanken, dem 1902 gegründeten Pfälzerwaldverein. Seine Mitglieder bewirtschaften zahlreiche Hütten, vor allem am Wochenende. Die Pfälzer Spezialität schlechthin, der Saumagen, steht eigentlich auf jeder Karte. Dazu eine Pfälzer Schorle, für die eine Handbreit „Woi“ mit einer Handbreit Wasser gemischt wird. Nur dass die Hand beim Wein senkrecht an das Glas angelegt wird und beim Wasser waagerecht.

Im Zentrum des Waldes

Wie eine Insel liegt der kleine Weiler Johanniskreuz im lichten Wald und gehört damit zu den fünf Prozent des Pfälzerwaldes, die besiedelt sind. Deshalb ist es über dem Eichen-, Buchen- und Kiefernwald nachts auch so dunkel, dass Astrofotografen den Sternenhimmel einfangen können.

„Der einzige Reichtum dieser Berggegend – das Holz gehört dem Staate oder den reichen Bauern der Haardt und wirft für die Bewohner dieser Täler nur kargen Verdienst ab“, schilderte der

Der Teufelstisch bei Hinterweidenthal ist eine der markantesten Felsformationen des Pfälzerwaldes (oben). Rund um Dahn führt der Felsenpfad, der teilweise nur schmale Durchgänge frei gibt (unten).

Kletterparadies im Wasgau, bei Lug im südlichen Pfälzerwald

Die imposante Weite des Pfälzerwalds fasziniert jeden Wanderer. Unter den vielen schönen Aussichtspunkten rangiert ganz vorn die Wegelnburg.

Manchmal reicht schon ein Tag zu Fuß in der Natur, um den Alltag hinter sich zu lassen.

Heimatschriftsteller August Becker die Situation der Waldbewohner Mitte des 19. Jahrhunderts. Um das Holz in die Rheinebene zu bringen, kanalisierten sie die Bäche und legten daneben Wege an. Da die Bäche zu schmal und flach waren, um ganze Baumstämme zu flößen, sägten die Waldarbeiter die Stämme in größere Stücke, warfen sie ins Wasser und liefen auf den Wegen nebenher, um die Holzstücke weiterzutreiben. Die Erfindung der Eisenbahn und die Verwendung der Steinkohle machten das Triften überflüssig, die Armut im Pfälzerwald wurde wieder größer.

Geschichte in der Schuhfabrik

Um der Armut zu entgehen, nahmen die Menschen weite Fußwege auf sich, um in den Schuhfabriken in Pirmasens und Hauenstein zu arbeiten. Peter Kaiser war 1838 der erste, der eine Schuhfabrik in Pirmasens baute. Sie besteht bis heute, viele andere Fabriken, im Jahr 1914 waren es 240, mussten ab den 1970er-Jahren ihre Tore wieder schließen – im Ausland wurde billiger produziert.

Ähnlich erging es dem kleinen Ort Hauenstein: Dort gründeten Carl-August und Anton Seibel 1886 die erste Schuhfabrik, 1961 waren es 35 mehr oder minder große Unternehmen, die in dem Ort mit 4000 Einwohnern Arbeitsplätze boten. Die Seibels produzieren noch immer in Hauenstein und lassen sich in ihrer „Gläsernen Schuhfabrik“ über die Schulter schauen. Vom Zuschneiden des Leders mit einem Laser-Cutter bis zum Einziehen des Schuhbandes können Besucher jeden Produktionsschritt verfolgen. Ein paar Schritte weiter schaut man dann ganz anders auf die Tausende Paar Schuhe, die die Geschäfte der Schuhmeile Hauenstein anbieten.

In eine dieser aufgegebenen Schuhfabriken ist in Hauenstein das Deutsche Schuhmuseum eingezogen. Dort geht es natürlich um Schuhe und deren Produktion im Laufe der Zeit, aber auch um Zeit- und Sozialgeschichte. Da sind die alte Schuhmacherwerkstatt, die zu ihrer Zeit auch Begegnungsstätte war, eine Wohnung, in der vor allem Frauen und Mädchen in Heimarbeit für die Schuhindustrie nähten, wie überhaupt 70 Prozent der Angestellten in dieser Branche weiblich waren. Wie sie arbeiteten, Pause machten, einkauften und wo ihre Produkte, die Schuhe, verkauft wurden, ist wie eine Zeitreise in originalen Werkstätten und Geschäften nachzuerleben. Über vier Etagen führt das Museum in die Vergangenheit und bis zu der Schuhsammlung von Ernst Tillmann, der 3500 Paar Schuhe seit der Römersandale zusammengetragen hat.

Im Biosphärenhaus in Fischbach tauchen Besucher in die Natur ein, in der Ausstellung und über den Baumwipfelpfad.

Von einst 500 Burgen im Pfälzerwald stehen wie in Alt-Dahn meist nur noch Ruinen.

400 Tiere aus 15 Arten leben auf dem großen Gelände des Wild- und Wanderparks bei Silz

Pirmasens, am Westrand des Pfälzerwaldes, liegt auf sieben Hügeln. Einst Zentrum der Schuhindustrie sucht die Stadt neue Wege in der Kreativwirtschaft.

In der ehemaligen Schuhfabrik Rheinberger stehen heute zahlreiche Experimentierstationen des Mitmachmuseums Dynamikum.

Kennzeichen von Pirmasens: Kirche St. Pirmin mit Kaskadenbrunnen

Kleine Pause am Wasser im Rosengarten in Zweibrücken...

...oder bei Steffi Külzer in der „Hutschachtel" in Pirmasens

Special

Luchse im Pfälzerwald

Raubtiere

Wenn es um die Wiederansiedelung von Luchsen und Wölfen geht, schwingen viele Emotionen mit. Dennoch läuft im Pfälzerwald erfolgreich ein Luchs-Projekt.

Luchse zählen wie Wölfe und Bären zu den Großraubtieren, die in Europa besonders gefährdet und deshalb besonders schützenswert sind. Bauern, die Tiere auf der Weide halten, sehen das naturgemäß anders als Naturschützer. Im Pfälzerwald leben seit einigen Jahren wieder Luchse, die dort angesiedelt wurden. 20 Tiere sollen es einmal werden. Die ersten haben sich schon erfolgreich vermehrt.

Da Luchse im Gegensatz zum Wolf selten Nutztiere reißen, ist ihre Akzeptanz höher. Rehe, Füchse, Rotwild, Wildschweine und Marder sind eher die Beutetiere der katzenähnlichen Tiere mit den Ohren, die an der Spitze an Pinsel erinnern. Von ihnen fressen sie fast ausschließlich das Muskelfleisch.

Lässt sich selten sehen: der Luchs

Luchse brauchen als Lebensraum einen ausgedehnten Waldbestand, den der Pfälzerwald ihnen bietet, ansonsten sind sie genügsam und kommen auch in der Nähe von Menschen zurecht. Die beiden Jungen, die Projektmitarbeiter entdeckten, waren in einer Felsnische auf die Welt gekommen. Dank GPS-Halsbändern haben die Naturforscher diese und die älteren gefleckten Vierbeiner immer im Blick.

Wie im Märchen

Im Jahr 1909 sah es so aus, als würde der Pfälzerwald an die große weite Welt angebunden. Zwölf Kilometer Eisenbahnstrecke führten ab Neustadt dort in den Pfälzerwald hinein, wo er am tiefsten ist, an den Burgruinen Breitenstein, Erfenstein und Spangenberg vorbei nach Elmstein. In eine jener armen Gegenden, wo die Menschen nichts hatten als die Arbeit im Wald. Mit der Bahn konnten sie jetzt nach Neustadt und in die Rheinebene zu den Fabriken fahren. Bis 1960, dann wurde das „Kuckucksbähnel" für den Personenverkehr stillgelegt. Seit 1984 fährt das „Kuckucksbähnel" als Museumsbahn von Mai bis Oktober an Sonn- und Feiertagen ab Neustadt in den Pfälzerwald hinein.

Weiter westlich liegt das schönste Tal des Pfälzerwaldes, das Karlstal bei Trippstadt. Da liegen wild die Felsbrocken im Bach, durch die Buchen fällt die Sonne und plötzlich steht da auch ein Holzpavillon. Als die Herren von Trippstadt ihren Schlossgarten im 18. Jahrhundert umgestalten ließen, sollte der Gartenbaumeister auch das Karlstal miteinbeziehen. Er legte Wege und Übergänge an, erhielt aber den wilden Charakter der Schlucht mit Felsformationen und kleinen Wasserfällen. Alles wie im Märchen.

HAUS DER NACHHALTIGKEIT

Damit alles im Lot bleibt

Warum gerade im Pfälzerwald? Warum hat sich gerade dort ein Haus etabliert, das für Nachhaltigkeit wirbt, wo alles im Lot zu sein scheint? Vielleicht muss gerade an solchen Orten daran erinnert werden, dass dieses Gleichgewicht nicht selbstverständlich ist.

Nachhaltigkeit heißt, etwas zu erhalten, das auch für folgende Generationen noch Bestand haben soll. Wie den Pfälzerwald zum Beispiel, das größte zusammenhängende Waldgebiet Deutschlands. Auch dieses grüne Paradies war gefährdet, der Wald für die armen Leute ein unerschöpflicher Vorrat zur Rohstoff- und Energiegewinnung. Keiner verschwendete einen Gedanken daran, wie lange ein Baum braucht, um zu wachsen. Eine Eiche ist erst nach mehr als 200 Jahren reif zum Fällen, eine Kiefer bereits nach 160 Jahren. Deshalb pflanzten die Forstleute im 18. und 19. Jahrhundert vor allem Kiefern auf die kahlen Flächen, die durch die intensive Nutzung und fehlende Pflege des Waldes entstanden waren. Fichten, Lärchen, Weymouthskiefern und Douglasien folgten, allesamt anspruchslos und relativ schnell wachsend. Und plötzlich hatte der Wald ein neues Gesicht: Zwei Drittel der Fläche waren nun mit Nadelbäumen bepflanzt, nur in abgelegenen Tälern wie im Karlstal findet man heute noch die ursprünglichen Buchenbestände.

Nachhaltigkeit im Alltag

Seit die Forstwirtschaft nachhaltig arbeitet, wird nur noch so viel gefällt wie nachwachsen kann. Bei Neupflanzungen ist das Ziel, wieder einen naturnahen Mischwald heranzuziehen, bei dem Laub- und Nadelhölzer jeweils etwa 50 Prozent ausmachen. Ist also Nachhaltigkeit vor allem ein Thema der Forstleute? Mitnichten. Jede und jeder kann sich so verhalten, dass die Chancen der folgenden Generationen nicht beeinträchtigt werden, und das beginnt in der Regel mit einem besseren Verständnis der Natur. Das Haus der Nachhaltigkeit in Johanniskreuz übersetzt den abstrakten Begriff der Nachhaltigkeit für den Alltag der Menschen. Nicht nur im Haus, auch direkt in der Natur wie im Biosphärenerlebniscamp Geiswiese.

Weiter im Süden, fast schon an der Grenze zu Frankreich, nähern sich die Besucher im Biosphärenhaus in Fischbach – ganz zeitgemäß über eine Multimediaschau – der Natur. Wie sehen die Tiere die Umwelt? Was passiert nachts im Wald? Das erfährt man in der dreisprachigen Mitmach-Ausstellung. Der Baumwipfelpfad ist dann das Naturerlebnis schlechthin. In 12 bis 35 Metern Höhe geht es über festen und wackeligen Boden durch die Baumkronen. Die Besucher sollen so für die Natur begeistert und für das empfindliche ökologische Gleichgewicht sensibilisiert werden. Und das kennt keine Staatsgrenzen: Mit dem Biosphärenreservat Pfälzerwald-Nordvogesen wurde das erste grenzüberschreitende Projekt dieser Art mit dem Biosphärenhaus im Zentrum geschaffen.

Es gibt viel zu entdecken rund um das Haus der Nachhaltigkeit mitten im Pfälzerwald. Ranger helfen gerne auf den Weg. Stolz macht die bestandene Prüfung zum „Junior Ranger" im Sommercamp für Kinder.

Auch die Architektur des Gebäudes ist der Nachhaltigkeit verpflichtet.

Informationen

Haus der Nachhaltigkeit
Johanniskreuz 1a, 67705 Trippstadt, Tel. 06306 92 10 130, So.–Fr. 10.00–17.00 Uhr, www.hdn-pfalz.de

Biosphärenhaus und Baumwipfelpfad
Am Königsbruch 1, 66966 Fischbach, Tel. 06393 92 100, tgl. 9.30–16.00 Uhr, www.biosphaerenhaus.de

Erlebnisweg zum Thema Wasser
200 Quellen entspringen im Umkreis von 15 Kilometern rund um das Biosphärenhaus. Der zwei Kilometer lange Wasserweg zeigt an 14 Stationen die Bedeutung des Wassers für Mensch und Natur.

Maßstab 1:200.000
Naturpark
Pfälzerwald
HOMBURG
ZWEIBRÜCKEN
PIRMASENS
RODALBEN
DAHN
ANNWEILER
BAD BERGZABERN
Klingenmünster
Elmstein
Trippstadt
Waldfischbach-Burgalben
Thaleischweiler-Fröschen
Münchweiler an der Rodalb
Hauenstein
Hinterweidenthal
Lemberg
Bitche
Bruchmühlbach-
Queidersbach
Heltersberg
Contwig
Rieschweiler-Mühlbach
Parc Naturel Régional des Vosges du Nord
Deutsch-Französische Touristikroute
Deutsche Schuhstraße
Deutsche Weinstraße
Biosphärenreservat
1
2
3
4

Grenzüberschreitender Wald

Wenig Fläche im Pfälzerwald ist besiedelt. Vor allem im Süden haben sich Menschen niedergelassen. Ansonsten bestimmen Bäume das Bild im größten zusammenhängenden Waldgebiet Deutschlands, das 1998 als erstes grenzüberschreitendes Biosphärenreservat Pfälzerwald-Nordvogesen ausgewiesen wurde.

1 Pirmasens

Am Westrand des Pfälzerwaldes liegt auf sieben Hügeln Pirmasens (41 000 Einw.), einst blühende Schuhmetropole, dann strukturschwache Region, jetzt sich neu positionierend in Kreativwirtschaft, Forschung und Entwicklung, aber auch als Schuhkompetenzzentrum.

SEHENSWERT

Der ehemalige **Exerzierplatz** in der Stadtmitte ist heute Festplatz und Wochenmarkt (Di., Do. und Sa. 6.00–13.00 Uhr). In der Fußgängerzone liegt der **Schlossplatz** mit Schlosstreppe, Kaskadenbrunnen und der **Pirminuskirche**, deren Doppeltürme über die Stadt hinausragen. „Wald.Schloss.Schuh" heißt die Dauerausstellung zur Stadtgeschichte im **Museum Altes Rathaus** (Hauptstr. 26, Di.–So. 14.00–17.00 Uhr). Im **Forum Alte Post** ist dem in Pirmasens geborenen Landschafts- und Genremaler Heinrich Bürkel eine Dauerausstellung gewidmet. Der Kunstform Dada und ihrem Vertreter Hugo Ball, Pirmasenser und Pionier der Lautgedichte, wird in einer weiteren interaktiven Dauerausstellung gedacht (Poststr. 2, Di.–So., Fei. 10.00–17.00 Uhr). In der benachbarten Bahnhofsstraße schöne Gründerzeithäuser.

ERLEBEN

Naturwissenschaft erleben unter Einsatz von Körper- und Geisteskraft ist das Motto im Mitmachmuseum **Dynamikum** in der ehemaligen Schuhfabrik Rheinberger. Jetzt unter der Überschrift „Dynamikum 2.0" mit noch mehr und verfeinerten Experimenten (Fröhnstr. 8, www.dynamikum.de; Mo.–Fr. 9.00–18.00, Sa., So., Fei. ab 10.00 Uhr). Aktive **Schuhfabriken** in Pirmasens wie Peter Kaiser, Kennel und Schmenger oder Kangaroos haben alle ein Outlet. Wenn man nichts Bestimmtes sucht, ist die Chance fündig zu werden, besonders groß. Adressen unter www.pirmasens.de. Ein wenig märchenhaft ist die Wanderung zur und durch die **Hexenklamm**. Am Sportplatz Gersbach beginnt der rund 7 Kilometer lange Rundweg.

UMGEBUNG

Rund um **Rodalben** führt der **Felsenwanderweg**, an dem das 40 Meter tiefe Naturdenkmal

Im Schuhmuseum Hauenstein (oben). Burgenromantik in Berwartstein (oben rechts). Auf dem Baumwipfelpfad in Fischbach (rechts).

Bärenhöhle liegt, in der ein kleiner Bach entspringt. Den 45 Kilometer langen Weg ohne große Steigungen kann man in Etappen zwischen 1,5 und 9 Kilometern einteilen (www.felsenwanderweg.de). Westlich des Pfälzerwaldes, wo der Wald in die Ebene übergeht, liegt **Zweibrücken**, bekannt für Rosen und Pferdezucht. Der **Rosengarten** mit 1500 Arten und Sorten liegt in der Stadt (Rosengartenstr. 60), der **Wildrosengarten** mit 100 historischen Rosen und 400 Kulturrosensorten ist auf einer Streuobstwiese angelegt (Fasanerie 1). Man erreicht ihn vom Rosengarten über den Rosenweg. Etwas außerhalb beim Gewerbepark des ehemaligen Flughafens Zweibrücken sind 130 Marken in 120 Geschäfte in einem **Fashion Outlet** versammelt (Londoner Bogen 10–90, Mo.–Sa. 10.00–19.00 Uhr).

INFORMATION

Tourismus Pirmasens, Fröhnstr. 8
(im Rheinberger), 66954 Pirmasens
Tel. 06331 2 39 43 15
www.pirmasens.de

2 Dahn

Im südlichen Wasgau, an der Grenze zu Frankreich, liegt das kleine Städtchen Dahn (5000 Einw.). Es ist vor allem für die Felsenlandschaft bekannt, die den Ort umgibt. Ansonsten ist der Wasgau von weiten Tälern geprägt.

SEHENSWERT

Die Dahner Burgengruppe **Altdahn, Grafendahn und Tanstein** wurde im 13. Jh. nacheinander auf einem Bergrücken errichtet und ist typisch für den Wasgau mit ihren in den Felsen gehauenen Kammern und Treppen. Vom Kurpark aus kommt man über die Wegmarkierung „1" zu den Burgen (Burgmuseum Altdahn Karfreitag bis 1. Nov. Di.–So. 11.00–17.00 Uhr). Der bekannteste Fels bei Dahn ist der **Jungfernsprung** mit seinen senkrechten Flanken. Auf dem **Dahner Felsenpfad** TOPZIEL, der auf 12

Kilometern Länge auf schmalen Pfaden durch Felsspalten und über Aussichtspunkte führt, kann man die bizarren roten Steinformationen bestaunen. Startpunkt am Wanderparkplatz beim Sportpark, Eybergstraße 1, am Fuß des Felsmassivs „Braut und Bräutigam" (Flyer bei der Tourist-Info).

UMGEBUNG
In **Fischbach** bei Dahn liegt das **Biosphärenhaus**, das über vier Etagen Wissenswertes über den Pfälzerwald vermittelt, wobei eine Etage im Dunkeln liegt, um das Nachtleben im Wald zu zeigen. Im Außengelände mehrere Erlebnisrundwege. Der Höhepunkt ist der **Baumwipfelpfad** TOPZIEL auf 12 bis 18 Metern Höhe, 270 Meter lang mit 40 Meter hohem Aussichtsturm – kein Klettergarten sondern ein weitgehend barrierefreier Lehrpfad durch die Baumkronen (Am Königsbruch 1, 66996 Fischbach bei Dahn, www.biosphaerenhaus.de; März–Nov. 9.30–16.00, April und Okt. bis 17.00, sonst bis 18.00 Uhr, Greifvogel-Flugvorführung Mai–Sept.). In **Ludwigswinkel** geht es auf dem **Barfußpfad** auf 1,6 Kilometern über weichen Waldboden, Rindenmulch, Schotter, Schlamm und durch einen Bach (Kiosk beim Freizeitgelände Birkenfeld für Schuhablage und Möglichkeit zum Füßewaschen). Eisenerz wurde in der Erzgrube **St. Anna Stollen** in **Nothweiler** abgebaut. Das Technische Kulturdenkmal können Besucher auf einem ebenerdigen Weg erkunden (Am Kolbenberg, 76891 Nothweiler, Ende März–Okt. Mi.–So., Fei. 11.00–17.00 Uhr, Führung jeweils zur vollen Stunde, warme Kleidung empfehlenswert).

Kulinarisches Waldabenteuer (oben). Baumwipfelpfad in Fischbach (oben rechts). St. Anna Stollen in Nothweiler (rechts).

ERLEBEN
Burg Berwartstein ist die einzige bewohnte Burg des Pfälzerwaldes. Bei Burgführungen wird nichts ausgelassen: Folter- und Waffenkammer, wenn auch nicht mehr original, Burgbrunnen, Kammern und am Ende geht es noch durch die dunklen Kasematten (Erlenbach, www.burgberwartstein.de; März–Okt. tgl., sonst Sa. und So.). 400 Tieren aus 15 europäischen Arten, darunter auch Wölfe, kommt man bei den unterschiedlichen Rundwegen durch den **Wild- und Wanderpark Silz** TOPZIEL ganz schön nahe (www.wildpark-silz.de; Mitte März–Mitte Nov. ab 9.00, sonst ab 10.00 Uhr; Wolfsfütterung April–Okt. tgl. 11.00 Uhr).

HOTEL UND RESTAURANT
Von Nothweiler kann man, ohne es wirklich zu bemerken, nach Frankreich wandern. Wenn man allerdings am € **Gimbelhof** ankommt, ist alles schon *très français*, aber man versteht auch deutsch. Acht Zimmer hat die Ferme mitten im Wald und französische Küche. Ferme Gimbelhof, 67510 Lembach, Tel. +33 388 94 23 30, Mi.–So. ab 8.00 Uhr.

INFORMATION
Tourist-Information, Schulstr. 29
66994 Dahn, Tel. 06391 9 19 19 62 22
www.dahner-felsenland.net

3 Hauenstein

Hauenstein (4000 Einw.) ist der kleine Bruder der großen Schuhstadt Pirmasens. 1961 gab es noch 36 Schuhfabriken in dem kleinen Ort, heute werden kaum noch „Schlabbe", wie der Pfälzer sagt, produziert. Dafür stehen an der Schuhmeile mehr als eine Million Schuhe in zwei Dutzend Geschäften zum Verkauf, fast jede Marke ist hier im Outlet vertreten.

SEHENSWERT
Ein Schuh-Tag in Hauenstein sollte im **Schuhmuseum** TOPZIEL; Turnstraße 5, www.museum-hauenstein.de; März–Nov. tgl. 9.30–17.00, sonst Mo.–Fr. 13.00–16.00, Sa., So. ab 10.00 Uhr) in einer ehemaligen Schuhfabrik beginnen. Das Museum mit alten Werkstätten, Läden, Privaträumen und Fabriksälen ist eine abwechslungsreise soziale, politische und wirtschaftliche Zeitreise. Im obersten Stockwerk zeigt die Ernst-Tillmann-Sammlung Schuhe aus aller Welt und allen Zeiten, benachbart zum **Pfälzischen Sportmuseum** (www.sportmuseum-pfalz.de). In der **Gläsernen Schuhfabrik** von Josef Seibel (Waldenburger Str. 1, Mo.–Fr. 10.00–12.00 und 12.45–16.30 Uhr) sieht man, wie viele Schritte notwendig sind, um einen Schuh herzustellen. Besucher werden den Produktionsweg entlang geleitet und können an jeder Station mit den Mitarbeitern sprechen. Für eine Pause bietet sich das Fabrik Café an. Auf der nicht weit entfernten **Schuhmeile** (Schuhmeile 1, www.schuhmeile-hauenstein.de; Kernöffnungszeiten Mo.–Fr. 9.30 bis 18.30, Sa. bis 18.00 Uhr, Mitte März–Okt. So., Fei. 13.00–18.00 Uhr) ist die Auswahl groß.

UMGEBUNG
Der **Teufelstisch** bei **Hinterweidenthal** ist eine der bizarrsten Felsformationen der Pfalz. Im Laufe der Zeit verwitterte der Fels zu einer 3 Meter hohen, fast quadratischen Platte, die wie auf einem 11 Meter hohen Fuß aufliegt. Im Pfälzerwald gibt es mehrere solcher Pilzfelsen, aber kein anderer hat diese Ausmaße. In der

Tipp

Flug durch den Wald

Wer keine Höhenangst hat, ist im Ziplinepark Elmstein richtig. Oben an den Bäumen sind Holzplattformen angebracht. Über 18 Stahlseile saust man von Plattform zu Plattform. Dazwischen sind immer wieder Abseilstationen. Den Betreibern geht es auch darum, Menschen Natur nahe zu bringen, liegt der Park doch in der Entwicklungszone des Naturparks Pfälzerwald.

ZIPLINEPARK
Eschkopfstr., 67471 Elmstein, www.zipline-elmstein.de; Mitte März bis Mitte Nov. nach vorheriger Buchung

»Ungeheure Felsenmassen von den abentheuerlichsten Formen ragen auf fast jeder Bergspitze empor.« Luitpold Baumblatt, 1843

Nähe des Naturdenkmals wurde ein Erlebnispark mit Felsenrutsche, Seilbahn, Wasserspielplatz und anderen Stationen angelegt (Im Handschuhteich 31, 66999 Hinterweidenthal, www.hinterweidenthal.de; tgl. 10.00–18.00 Uhr, im Winter geschlossen). Beim Erlebnispark startet ein 10 Kilometer langer, auch für Familien geeigneter Rundweg mit Höhepunkt Teufelstisch, ausgeschildert mit dem entsprechenden Logo. Wie mühsam sich die Bewohner des Pfälzerwaldes ihren Lebensunterhalt verdienen mussten, wird im **Heimat- und Bürstenbinder-Museum** in **Ramberg** deutlich (Hauptstr. 20, www.ramberg.de; Ostern–Okt. So. 14.00 bis 17.00 Uhr).

INFORMATION
Tourist-Info-Zentrum Pfälzerwald Urlaubsregion Hauenstein, Schuhmeile 1
76846 Hauenstein, Tel. 06392 9 23 33 80
www.urlaubsregion-hauenstein.de

4 Trippstadt

Wahrzeichen von Trippstadt (3100 Einw.) ist das Barockschloss mit Schlosspark, heute Sitz der Forschungsanstalt für Waldökologie und Forstwirtschaft.

SEHENSWERT
Der Schlossgarten ist als Erholungspark frei zugänglich. Im **Eisenhüttenmuseum** (Hauptstr. 26, Mo.–Fr. 8.00–12.00 und 12.30–16.00 Uhr außer Mi., Mai–Sept. auch Sa. 10.00–12.00 Uhr) wird gezeigt, wie der Holzreichtum des Pfälzerwaldes für die Eisengewinnung und -verarbeitung genutzt wurde, bevor die Steinkohle die Bedeutung der Holzkohle übernahm. Weitere Informationen gibt es auf dem Eisenhüttenweg im **Karlstal**. Das sollte man auf alle Fälle durchwandern, denn es ist vielleicht das schönste Tal der Pfalz. Vom Parkplatz beim Warmfreibad führt ein 10 Kilometer langer Rundweg ins romantische Tal. Nicht wundern, wenn zwischen den Bäumen immer wieder Skulpturen stehen, sie sind Teil des Skulpturenwegs Rheinland-Pfalz (auch zwischen Trippstadt und Stelzenberg).

UMGEBUNG
Mittelpunkt des Pfälzerwaldes ist **Johanniskreuz**, beliebte Zwischenstation bei Wanderern, Mountainbikern und Motorradfahrern. Auf einer Aue im Wald liegen Gasthäuser und das **Haus der Nachhaltigkeit**, dessen Mitarbeiter versuchen, den abstrakten Begriff der Nachhaltigkeit im Alltag der Besucher greifbar zu machen. Ausstellungen, Themenwege, Generationenspielplatz und viele Veranstaltungen tragen dazu bei (Johanniskreuz 1a, 67705 Trippstadt, www.hdn-pfalz.de; März–Okt. So.–Fr. 10.00–17.00, sonst Mo.–Fr. 10.00–17.00 Uhr).

INFORMATION
Tourist-Info, Hauptstr. 26
67705 Trippstadt, Tel. 06306 3 41
www.trippstadt.de

Genießen Erleben Erfahren

DuMont Aktiv

Entspannen im Paradies

Im Traumraum kann man auf den leicht schwingenden Holzliegen schon mal vergessen, dass es so etwas wie Alltag gibt. An der Decke aufgehängt schaukeln die Liegen fast jeden aus dem Dahner Badeparadies Felsland ins Paradies seiner Träume.

Im südlichen Pfälzerwald, am Rande der Gemeinde Dahn, zwischen und unter Birken und Kiefern liegt das Badeparadies Felsland. Natürlich kann man hier zu jeder Jahreszeit auch schwimmen oder sich auf der Wasserrutsche austoben, aber besonders reizvoll und ursprünglich ist das finnische Saunadorf, das jedem Wärmebedürfnis gerecht wird. Ob im Sanarium bei 58 Grad oder im finnischen Saunahaus bei 100 Grad Deckentemperatur. Das finnische Blockhaus heißt nicht nur so, es ist tatsächlich überwiegend aus altem, verwittertem und natürlich getrocknetem finnischen Holz gebaut. Das ganze Haus ist Sauna und an manchen Tagen so voll, dass für manchen der Spaß aufhört.

Sanftere Saunavarianten sind Kristall-, Kräuter- und Panoramasauna. Oder lieber gleich ins Dampfbad oder auf die Massageliege des Spa-Bereichs ausweichen … Falls die Holzliegen im Traumraum alle belegt sind, gibt es genügend andere Traumplätze zum Erholen. In den wärmeren Monaten gehört dazu auf alle Fälle der weitläufige Saunagarten mit einer großen Vielfalt an Pflanzen und Farben. Und einem großen eiskalten Tauchbecken, das alle Lebensgeister in kürzester Zeit wieder weckt.

Weitere Informationen
Felsland Badeparadies & Saunawelt: Eybergstr. 1, 66994 Dahn, Tel. 063 91 92 34 211, www.felsland-badeparadies.de; Schwimmbad ab 9.00, Mo.–Do. bis 21.00, Fr. bis 22.00, Sa., So., Fei. bis 20.00 Uhr, Sauna ab 10.00, Di., Mi. bis 22.00, Do.–Sa. bis 23.00, So., Fei. bis 20.00 Uhr, Mo. nur Damen

Erholung ist garantiert bei einem Besuch im Felsland Badeparadies in Dahn, ob aktiv beim Schwimmen und Saunieren oder beim Lesen und Dösen im großen Garten.

Alles ist ein bisschen anders

Landschaft, nichts als Landschaft. Weite Wiesen, Wälder, Felder, wieder offene Wiesenflächen, irgendwo ein kleines Dorf. Es ist schön im Nordpfälzer Bergland. Die landwirtschaftliche Struktur ist den früheren Bewohnern der Region im 19. Jahrhundert aber zum Schicksal geworden. Sie wanderten aus.

Der japanische Garten in Kaiserslautern dient beim „Cosplay" als prächtige Kulisse für junge Mangafans.

Das Pfalztheater in Kaiserslautern ist das einzige Dreispartentheater der Pfalz. Die Skulptur „Re Africano" hat Gunther Stilling geschaffen (rechts).

Der rote Teufel, Maskottchen des 1. FC Kaiserslautern, feuert die Fans an (unten).

FCK-Fans haben es nicht leicht mit ihrem Verein, stehen aber treu zu ihm, vor allem wenn er im Fritz-Walter-Stadion am Betzenberg spielt (links).

Der Martinsplatz ist ein besonders schöner Ort in Kaiserslautern.

Die Reste der Kaiserpfalz, die Friedrich Barbarossa im 12. Jahrhundert erbauen ließ.

Sanfter Tourismus heißt im Nordpfälzer Bergland die Zukunftsperspektive.

Das weite Land, das den Bewohnern in früheren Jahrhunderten zu wenig zum Leben bot und sie vertrieben hat, soll heute eher als Standortvorteil gelten. Sanfter Tourismus in einer nicht zersiedelten Kulturlandschaft heißt die Zukunftsperspektive, aber auch Neubürgern will man das Leben im Nordpfälzer Bergland schmackhaft machen. An den Ortseingängen werben die Gemeinden mit Quadratmeterpreisen für erschlossene Grundstücke, bei denen Städter denken, dass eine Null am Ende fehlen müsse. Aber die Preise stimmen und mancher nimmt deshalb dann doch einen weiteren Weg zur Arbeit in Kauf. Zum Beispiel nach Kaiserslautern. 17 000 Menschen pendeln täglich in die Universitätsstadt, die lange Jahre damit kämpfte, die 100 000-Einwohner-Marke zu halten und damit Großstadt zu sein. Nach Schließung der Nähmaschinenfabrik Pfaff in der Innenstadt und dem Abzug amerikanischer Streitkräfte hatte Kaiserslautern ordentlich zu kämpfen, aber die Konversion scheint zu gelingen.

Amerikaner in der Pfalz

Nach wie vor sind zahlreiche amerikanische Soldaten in der Stadt, auch wenn man sie nicht mehr an ihren Autokennzeichen erkennen kann, da sie aus Sicherheitsgründen jetzt alle mit „KL“ für Kaiserslautern fahren. Aber hören kann man sie, denn über der Pfalz fliegen die Jetpiloten ihre Übungen. Das benachbarte Ramstein hat den größten amerikanischen Militärflugplatz außerhalb der USA, in Landstuhl ist nach wie vor das größte Krankenhaus des US-Militärs außerhalb der Vereinigten Staaten. Wie sehr die Amerikaner die Region geprägt haben und prägen zeigt eine Ausstellung im Docu-Center Ramstein, in drei roten Containern am Rande der Air Base. Erleben kann man die Gegenwart der Streitkräfte in den Kneipen von Kaiserslautern, wo sie gemeinsam mit den Studenten für gute Umsätze sorgen. Oder mit den FCK-Fans nach den Ursachen der schlechten Lage des 1. FC Kaiserslautern suchen. Am Betzenberg, dem höchst gelegenen Stadion der Bundesliga, sind Turbulenzen an der Tagesordnung.

Kreative Köpfe und Hände

Wesentlich besser läuft es da an der Universität Kaiserslautern. Erst 1970 gegründet, hat sie sich auch international bereits einen Namen gemacht. Knapp 15 000 Studierende sind an der einzigen technisch-ingenieurwissenschaftlich ausgerichteten Universität in Rheinland-Pfalz eingeschrieben. In diesem Umfeld hat sich die Smart Factory KL angesiedelt, eine von Herstellern unabhängige Technologie-Initiative, die Pionierarbeit für die Umsetzung der Industrie 4.0 leistet. 50 Akteure aus Wissenschaft und Technik arbeiten in Kaiserslautern an der Fabrik der Zukunft. Diese wird vor allem digital sein. Ganz analog arbeiten dagegen Menschen in Kaiserslautern, die sich mehr um die freie Zeit und den Genuss der Menschen kümmern wie der Bonbonmacher Thomas Krämer oder die Kaffeeröster Stephanie und Christian Bebensee. Obwohl in deren Café einige Gäste an ihren digitalen Geräten sitzen und arbeiten. Vermutlich wirkt sich die gemütliche Atmosphäre zwischen Omas Sammeltasse und Paletten-Möbeln positiv auf die Kreativität aus.

Mittelalterliche Orte

Mit jedem Kilometer, den man Kaiserslautern hinter sich lässt und ins Nordpfälzer Bergland eintaucht, fährt man in eine andere Zeit. Da stehen zwar Hunderte Module auf einer Wiese, die aus Sonnenstrahlen Strom produzieren, doch immer wieder tauchen Orte auf, die wie aus der Zeit gefallen wirken wie Otterberg, Rockenhausen oder Meisenheim. Die Zisterzienser hatten in Otterberg 1168 mit dem Bau einer Abteikirche begonnen. Nach dem Speyerer Dom ist sie heute der zweitgrößte Kirchenbau der Pfalz. Sozusagen mitten in der Landschaft. Von dem Kloster, das um 1340

Meisenheim konnte sich sein mittelalterliches Stadtbild bewahren

seine Blütezeit hatte, sieht man heute nur noch wenig, aber in den Gassen rund um die Kirche sind viele schöne Gebäude aus dem 17. und 18. Jahrhundert erhalten. Noch älter sind die Gebäude in Meisenheim, das sich ein mittelalterliches Stadtbild bewahren konnte bis hin zu Stadttor und Stadtmauer, ein Ensemble, das unter Denkmalschutz steht und gleichzeitig eine Stadt der Gegenwart ist. Gehen dort die Uhren wirklich anders?

Man muss ja nicht gleich kämpfen, wenn man das Keltendorf Steinbach besucht. Vielleicht ist Wolle spinnen und Feuer machen eine Alternative (oben). Kirchheimbolanden hat sich sein mittelalterliches Stadtbild bewahrt (unten).

Ein bisschen wie im südfranzösischen Grasse fühlt man sich im Parfümmuseum in Mehlingen-Baalborn.

Im Jahr 742 gründete Pirminius das Kloster Hornbach, um dort mit Benediktinern zu beten und zu arbeiten. Heute ist dies mehr ein Ort der Entspannung

Meisenheim am Glan ist ein kleines Schmuckstück mittelalterlicher Baukunst. In der Ritterherberge (1580) übernachteten vermutlich durchreisende Adelige.

Der Rapportierplatz ist neben dem Marktplatz die einzige Stelle in Meisenheim, wo sich die Gassen ein wenig erweitern und eine größere Fläche freigeben.

Die Abteikirche in Offenbach-Hundheim zeichnet sich durch kunstvolle Gewölbe aus und gilt als wichtiges Bauwerk am Übergang von der Spätromanik zur Gotik.

In Rockenhausen hat die Sammlung Pachen ein Zuhause gefunden. Zu sehen sind Kunstwerke u.a. von Otto Dix und Karl Schmidt-Rottluff.

Das Museum für Zeit ist in einem alten Bauernhof in Rockenhausen untergekommen.

Special

Mehlinger Heide

Ungewohntes Landschaftsbild

Heide in der Pfalz? Genau, die größte in Süddeutschland. Im Juli und August erstreckt sich ein riesiges rosa Blütenmeer auf dem Boden eines ehemaligen Truppenübungsplatzes.

Noch immer gibt es bei der Mehlinger Heide Flächen, die man nicht betreten darf. „Nicht munitionsfreie Fläche“ warnen Schilder. Aus diesem Grund und um die Natur zu schützen, sollten Spaziergänger die Wege durch die Heide und den angrenzenden Wald nicht verlassen.

Heidelandschaft mitten in der Pfalz

Schon 1912 war an dieser Stelle bei Mehlingen der Wald gerodet worden, um hier Soldaten auszubilden können. 1937 wurde der Truppenübungsplatz noch vergrößert, nach 1945 übernahmen ihn französische und amerikanische Streitkräfte. Nach dem Abzug von Franzosen und Amerikanern ist seit 1994 auf sandigem Boden eine große Heidelandschaft entstanden, die wegen der seltenen Tier- und Pflanzenarten, die dort leben und wachsen, zum Naturschutzgebiet erklärt wurde. Wildbienen, die Heidelerche und der Ziegenmelker teilen sich die Natur mit Heuschrecken, Schmetterlingen und Libellen und dazwischen grasen die Heidschnucken. Ein Lehrpfad führt zu einem „grünen Klassenzimmer“, Duftdidaktum und Insektenhotel.

Nein, die Zeit ist für alle gleich, wie das Turmuhrenmuseum in Rockenhausen belegt.

Persönliche Betreuung

Ein Museumsbesuch in dieser Region ist anders als anderswo. Man hat Zeit für die Gäste, erklärt die Objekte gerne auch persönlich, kommt ins Gespräch. Auch in Kusel im Heimatmuseum mit seinem Star Fritz Wunderlich, einem der ganz großen Tenöre des 20. Jahrhunderts, dort einfach Fritz genannt. Die Familie Wunderlich hat sich mit Musik über Wasser gehalten, wie viele andere im sogenannten Musikantenland auch. Manche sind mit ihrer Kunst auch ausgewandert und teilweise berühmt geworden, wie im Musikantenland-Museum auf Burg Lichtenberg zu sehen. Die Familie Wunderlich blieb in Kusel und das Talent des Sohnes wurde entdeckt. Kein Wunder, er spielte und sang bei jeder sich bietenden Gelegenheit, um Geld zu verdienen. Aber gleich auf welcher Bühne der Welt der Tenor später stand, er kehrte immer wieder in die Pfalz zurück. Später schenkte der lebensfrohe Wunderlich seiner Heimatstadt ein Lied, „Mein Kusel“. Auch darin war er ein echter Pfälzer, dass er sich das Leben und die Erinnerung von Widrigkeiten nicht vermiesen ließ.

KREATIVWIRTSCHAFT STATT SCHUHFABRIKEN

Es geht wieder aufwärts

Unglaublich, aber in diesem unscheinbaren Viertel von Pirmasens entstehen in einer ehemaligen Schuhfabrik Designertaschen, die auf der Fashion Week in London internationale Models in der Hand halten: Marke „Moi Dasch“.

Marina Furin hat es geschafft. Für die Ingenieurin der Bekleidungstechnologie war es gut, dass in Pirmasens so viele Schuhfabriken leer stehen und neue Nutzer gesucht werden. In ihrem Atelier produziert sie handgenähte Taschen mit Leder und Stoff aus der Region, manchmal gemeinsam mit Kundinnen entwickelt. Längst wurden auch Modeleute aus London auf die Designerin aufmerksam, auch wenn sie vermutlich nicht wussten, was „Moi Dasch“ bedeutet. Für Marina Furin ist das Pfälzische ein Marketinginstrument. Bei der Übersetzung von „Moi Dasch“ kommt man ins Gespräch und darüber hinaus bleibt die Marke viel besser in Erinnerung als wenn sie „Meine Tasche“ hieße.

Umwidmung von Fabriken

Auf Menschen wie Marina Furin will Pirmasens in Zukunft noch mehr setzen, um die neue Nutzung der ehemaligen Schuhfabriken und verlassenen Militärgebäude voranzutreiben: Kultur- und Kreativwirtschaft soll die frei gewordenen Gebäude wieder beleben. Die Stadt hat einige Jahre gebraucht, bis sie sich von dem Rückgang der Kaufkraft erholt hatte, nachdem zuerst 20 000 Arbeitsplätze in der Schuhindustrie verloren gegangen waren und dann 10 000 weitere nach dem Abzug der amerikanischen Soldaten. Auf dem Gelände der Husterhöh-Kaserne hat sich im Jahr 2000 die Hochschule Kaiserslautern eingerichtet, die dort mit der deutschen Schuhfachschule und dem internationalen Schuhkompetenzzentrum vernetzt ist. Zuvor war bereits ein Gründerinnenzentrum eröffnet worden. Nach zwei Jahrzehnten wächst die Bevölkerung in Pirmasens wieder und so entstehen in vielen alten Fabriken oder auf deren Arealen Wohnungen.

Schweres Pfaff-Erbe

Was für Pirmasens die Schuhfabrikation, war für Kaiserslautern die Produktion von Nähmaschinen und Garnen. Mit dem früheren Pfaff-Gelände tut man sich schwer in der Stadt. 10 000 Menschen arbeiteten dort zu Spitzenzeiten, entsprechend groß ist das innenstadtnahe Gelände. Wieviel soll abgerissen werden, was darf bleiben? Schließlich geht es auch um das historische Erbe. Doch die Unternehmenspleite ließ nicht nur architektonisch wertvolle Gebäude sondern auch stark belastete Böden zurück.

Die Kammgarnspinnerei in Kaiserslautern, einst einer der modernsten Textilbetriebe der Bundesrepublik, musste schon 1983 ihre Tore schließen. Hier ist die Konversion bereits Geschichte: In den ehemaligen Industriegebäuden haben die Hochschule Kaiserslautern und das Veranstaltungszentrum „Kammgarn“ Einzug gehalten.

Einige Schuhmanufakturen konnten sich behaupten wie Hummel & Hummel in Münchweiler (oben). Auch Marina Furin hat den Wandel geschafft. Die Designerin produziert in einer ehemaligen Schuhfabrik Taschen (unten).

Teil des Hummel-Unternehmens in Pirmasens: die Sportschuhmarke KangaROOS

Informationen

Moi Dasch
Hohmärtelstr. 25, 66954 Pirmasens
www.marinafurin.de

Hummel & Hummel Schuhmanufaktur
Neuffer am Park, 66953 Pirmasens
www.hummelundhummel.de

Dynamikum
In der ehemaligen Schuhfabrik „Rheinberger“ in Pirmasens ist das „Dynamikum“ zu finden, einerseits Museum, andererseits riesiges Experimentierfeld für naturwissenschaftliche Phänomene (Fröhnstr. 8, www.dynamikum.de; Mo.–Fr. 9.00–18.00, Sa., So., Fei. ab 10.00 Uhr).

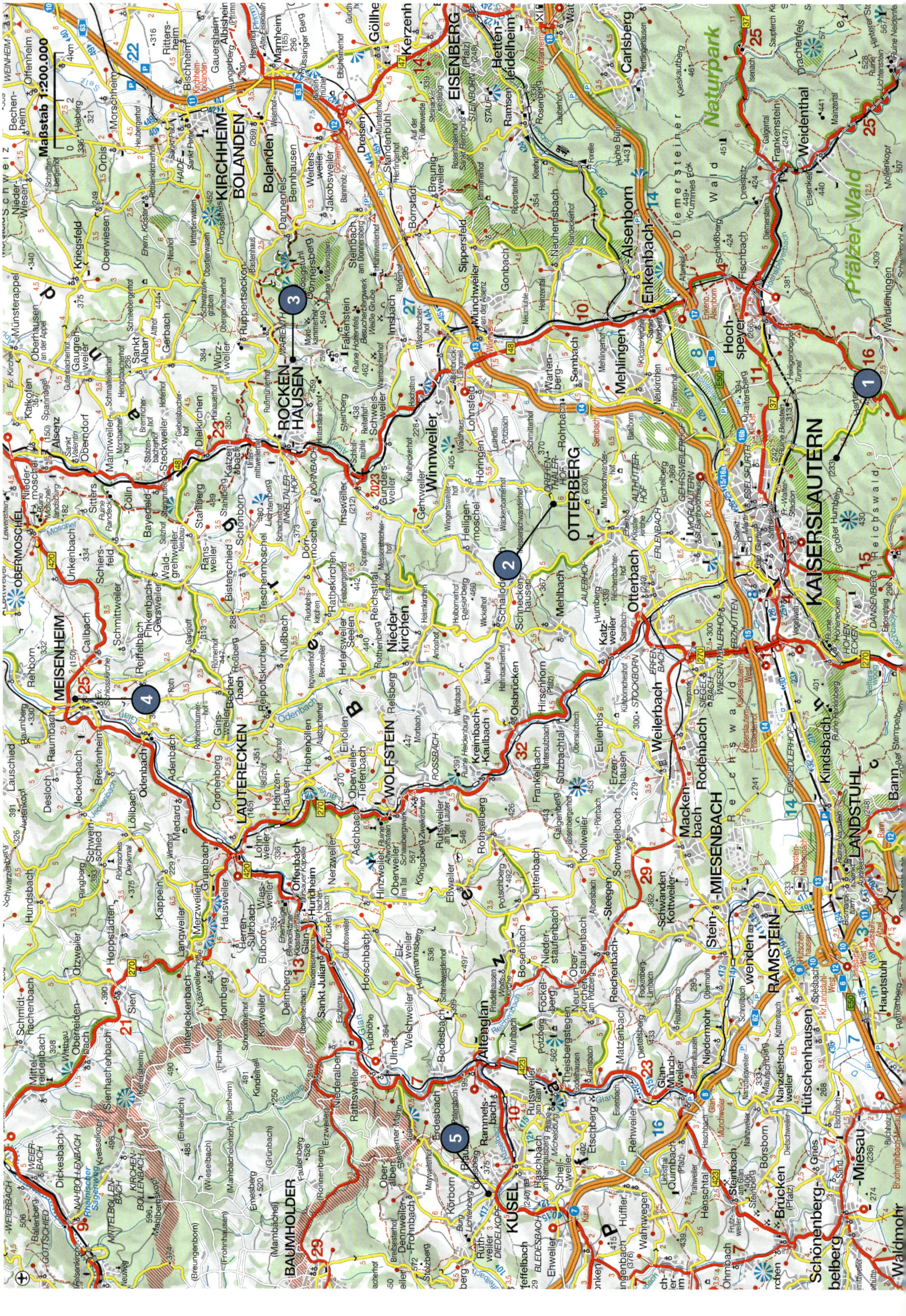

Maßstab 1:200.000
KAISERSLAUTERN
OTTERBERG
ROCKENHAUSEN
KIRCHHEIMBOLANDEN
EISENBERG
MEISENHEIM
LAUTERECKEN
WOLFSTEIN
KUSEL
BAUMHOLDER
RAMSTEIN-MIESENBACH
LANDSTUHL
OBERMOSCHEL
Winnweiler
Enkenbach-Alsenborn
Hochspeyer
Otterbach
Weilerbach
Altenglan
Schönenberg-Kübelberg
Pfälzer Wald
Naturpark
Reichswald

Bewegte Landschaft, beschauliche Orte

Das Nordpfälzer Bergland ist zwischen 200 und 600 Metern hoch. Die höchste Erhebung ist der Donnersberg (687 m). Die hügelige Landschaft wirkt sanft, aber wer dort auf Rad- und Wanderwegen unterwegs ist, spürt, dass die Hügel es ganz schön in sich haben. Die einzige Stadt der Region ist Kaiserslautern.

1 Kaiserslautern

Die Universitätsstadt (102 000 Einw.) hat bewegte Zeiten hinter sich. Mehrere traditionsreiche Unternehmen mussten Ende des 20. Jh. schließen oder sich verkleinern. Dafür hat Kaiserslautern neue Grünflächen gewonnen.

SEHENSWERT

Ein Stadtrundgang beginnt beim 84 Meter hohen **Rathaus** am Willy-Brandt-Platz mit Blick auf die Kaiserpfalz (1152 von Friedrich Barbarossa beauftragt) und das **Casimirschloss** (1571). Teilweise sind nur noch Grundmauern, teilweise wieder aufgebaute Gebäudeteile zu sehen. Beim Bau des **Pfalztheaters** (1995 eröffnet) wurden Teile der alten Stadtbefestigung gefunden. Über die Burgstraße zur **Fruchthalle** (1843/46), im Renaissancestil als Markthalle gebaut, heute Konzert- und Veranstaltungssaal. In einem kleinen Fachwerkhaus, einem der ältesten erhaltenen der Stadt, ist noch heute das **Gasthaus Spinnrädl**, 1742 erstmals erwähnt. Die protestantische **Stiftskirche** gilt als bedeutendste spätgotische Hallenkirche Südwestdeutschlands. Die benachbarte **Adler-Apotheke** ist 1811 aus einer ehemaligen Kapelle entstanden. Am **Synagogenplatz** (Fischerstr. 12) stand bis 1938 die bedeutendste pfälzische Synagoge. Das nördliche Portal wurde rekonstruiert, alle anderen Teile können sich Besucher selbst über fest installierte Medienviewer rekonstruieren, in die sie wie in Ferngläser schauen. Der schönste Platz Kaiserslauterns ist der **Martinsplatz** mit dem Alten Stadthaus (1745, heute Musikschule), dem Rettigschen Haus (Mitte 18. Jh.) und dem ehemaligen Hotel Zum Donnersberg. Die **Kirche St. Martin** ist Beispiel für eine mittelalterliche Bettelordenskirche.

MUSEEN

Das **Museum Pfalzgalerie** zeigt Werke vom 15. Jh. bis zur Gegenwart und hat eine beachtliche Sammlung impressionistischer Maler. Schwerpunkt ist die Zeit ab dem 19. Jh. (Museumsplatz 1, www.mpk.de; Di. 11.00–20.00, Mi. bis So., Fei. 10.00–17.00 Uhr). Das **Theodor-Zink-Museum** widmet sich der Stadtgeschichte, der gegenüber liegende

Kaiserbrunnen in Kaiserslautern (oben). Die Welt der Düfte in Baalborn (oben rechts). Kaffeerösterei in Kaiserslautern (rechts).

Waldgasserhof der Volkskunde mit einer Sammlung bäuerlicher und bürgerlicher Möbel (Steinstr. 48, www.theodor-zink-museum.de; Mi.–Fr. 10.00–17.00, Sa., So. 11.00–18.00 Uhr).

ERLEBEN

Bei einer Stadionführung sieht man viel hinter den Kulissen des **Fritz-Walter-Stadions** auf dem Betzenberg entweder an Spieltagen oder bei der Herzbluttour zu bestimmten Terminen (www.fck.de). Im Pfalzgrafensaal des Casimirschlosses beginnt eine Führung durch die **unterirdischen Gänge der Stadt** mit Licht- und Klanginstallationen (www.kaiserslautern.de). Die **Gartenschau** aus dem Jahr 2000 ist in Kaiserlautern zur Dauerschau geworden, integrativ betrieben (Lauterstr. 51, www.gartenschau-kl.de; Ende März Okt. tgl. 9.00–19.00 Uhr). Eine Referenz an die japanische Partnerstadt Bunkyo-ku ist der **Japanische Garten** mit Teichen, Wasserfällen, Teehäusern und Steinlaternen (Am Abendsberg 1, www.japanischergarten.de; April–Okt. Di.–So. 10.00–19.00 Uhr). Für Tage, an denen kein Gartenwetter ist, empfiehlt sich das **„monte mare"**, Freizeitbad mit großzügiger Saunalandschaft (Mailänder Str. 6, 67657 Kaiserslautern, www.monte-mare.de; Bad tgl. ab 10.00, Sauna tgl. ab 9.00 Uhr).

HOTEL UND RESTAURANT

Direkt am Hammerweiher liegt das **€ Hotel Blechhammer** mit vielfältiger Küche und schöner Sonnenterrasse (Am Hammerweiher 1, 67659 Kaiserslautern, Tel. 0631 41 47 35 0, www.blechhammer-kl.de). Im **€ Spinnrädl** kommen die Pfälzer Klassiker auf den Tisch, aber auch Vegetarier finden in der wunderschönen alten Weinstube ein passendes Angebot (Schillerstr. 1, 67655 Kaiserslautern, Tel. 0631 6 05 11, www.spinnraedl.de; Mo.–Sa. ab 11, Fei. ab 17.00 Uhr).

UMGEBUNG

Bei der US-Air Base in **Ramstein** ist das Dokumentations- und Ausstellungszentrum zur Geschichte der US-Amerikaner in Rheinland-Pfalz, kurz Dou-Center Ramstein, in drei knallrote Container eingezogen. Alltagsobjekte sind genauso ausgestellt wie historische Dokumente (Schernauer Str. 46, 66877 Ramstein-Miesenbach, www.dc-ramstein.de; Di.–So. 14.00–17.00 Uhr, Winterpause).

INFORMATION
Tourist Information, Fruchthallstr. 14
67655 Kaiserlautern, Tel. 0631 3 65 23 17
www.kaiserslautern.de

2 Otterberg

Im Talkessel des Otterbachs, 5 Kilometer nördlich von Kaiserlautern, liegt die kleine Stadt Otterberg (5300 Einw.).

SEHENSWERT
Die **Abteikirche** der Zisterzienser (1168–1254) dominiert das Stadtbild. Die gesamte Architektur ist schlicht, wie es dem Reformorden entsprach. Nach der Reformation verließen die letzten drei Mönche und der Abt 1561 die Kirche. 1579 kamen Wallonen nach Otterberg, reformierte Glaubensflüchtlinge aus den spanischen Niederlanden. 1581 erhielt Otterberg die Stadtrechte. Aus dieser Blütezeit stammen viele der alten **Fachwerkhäuser**. Ab 1685 wurde die Abteikirche von Protestanten und Katholiken simultan genutzt, ab 1708 durch eine Mauer getrennt. Bei der jüngsten Renovierung (1979) wurde die Mauer wieder entfernt. Einen guten Überblick über die lichtdurchflutete Kirche bekommt man, wenn man sich in die erste Bank des linken Querhauses setzt.

Tipp

Düfte für jede Nase

Dann, wenn die Straße nicht mehr wirklich weiter führt, ist man richtig im Duftparadies in Mehlingen-Baalborn. Rund 100 Flaschen stehen wie in einer Bar im Verkaufsraum des Parfum-Outlets. Die Kunden geben die Duftrichtung an und die Beraterinnen machen Vorschläge. Klassisch-frisch oder betörend-sinnlich? Für alle Wünsche gibt es einen Duft. In den Sommermonaten hat das Parfümmuseum geöffnet, inspiriert vom Film „Das Parfum".

PARFÜMMUSEUM
Kehrstr. 18, 67678 Mehlingen-Baalborn, www.parfuemmuseum.de; April–Okt. Do. und Fr. Führungen 10.00, 11.00, 14.00 und 15.00 Uhr; Outlet ganzjährig Mo.–Fr. 9.00–12.00 und 13.00–16.00, 1. Sa. 10.00–13.00 Uhr

Star von Kusel: Tenor Fritz Wunderlich (oben). Die Burgruine Lichtenberg (oben rechts). Gartenschaugelände Kaiserslautern (rechts).

Ein Stück die Kirchstraße entlang steht die **historische Schmiede Theis** (1. Sa. 16.00–18.30 Uhr mit Vorführung). Die **Stadtmauer** ist zu mehr als der Hälfte erhalten, war aber immer mehr Grenze als Verteidigungswerk. Teile dienen als Stützmauer für Altstadthäuser.

UMGEBUNG
Die ehemalige evangelische Kirche von **Otterbach** ist heute **Motorradmuseum**. 80 Jahre Geschichte des Motorrads sind dort dokumentiert (Otterstr. 4, 67731 Otterbach, www.motorradmuseum-heinz-luthringshauser.com; April bis Okt. So., Fei. 10.00–12.30 und 13.30–17.00 Uhr). Otterberg und Otterbach liegen am **Pfälzerland-Radweg**, der ohne große Höhenunterschiede über 48 Kilometer von Altenglan über die Mehlinger Heide bis nach Enkenbach führt.

ERLEBEN
Durch die **Mehlinger Heide** führt ein Wanderweg, den man ganzjährig gehen kann, im Juli und August ist er aber am schönsten. Dann werden auch Barfuß-, Vollmond- und Sonnenuntergangswanderungen angeboten (Parkplatz an der L401, Termine unter www.mehlinger-heide.de).

INFORMATION
Tourist-Information, Hauptstr. 54
67697 Otterberg, Tel. 06301 3 15 04
www.otterberg.de

3 Rockenhausen

Das Städtchen Rockenhausen (5000 Einw.) hat eine schön restaurierte Altstadt mit Häusern vor allem aus dem 18. und beginnenden 19. Jh. und interessante Museen.

SEHENSWERT
In einem ehemaligen Gutshof mit Fachwerk zeigt das **Museum für Zeit** (Am Schloss 10, www.museum-fuer-zeit.de; Di.–So. 14.30–17.30 Uhr) Turmuhren, Sand-, Wasser- und Sonnenuhren. Das Carillon, Glockenspiel mit 37 Glocken, am Dachgiebel zum Schlosspark hin spielt sechsmal am Tag unterschiedliche Lieder. Im **Museum Pachen** ist eine private Sammlung moderner Kunst des 20. Jh. ausgestellt, unter den Gemälden und Plastiken auch zwei Spätwerke von Otto Dix (Speyerstr. 3, www.rockenhausen.de; Di.–So. 14.30–17.30 Uhr).

UMGEBUNG
Das alte Agfa-Schild weist den Weg zum **Museum für Fotografie und Fotografenhandwerk** in **Winnweiler** in den original erhaltenen Geschäftsräumen eines ehemaligen Fotohauses (Falkensteiner Weg 2, 67722 Winnweiler, www.fotomuseum-winnweiler.de; April–Dez. 1. und 3. So. 14.30–17.30 Uhr).

INFORMATION
Touristinfo, Bezirksamtstr. 7
67806 Rockenhausen
Tel. 06361 45 12 14
www.rockenhausen.de

4 Meisenheim

Die Altstadt von Meisenheim (3000 Einw.) konnte sich kontinuierlich seit dem 14. Jh. entwickeln, da das Städtchen im Glantal nie zerstört wurde.

SEHENSWERT
Über die Glan und das **Untertor** kommt man noch heute in die Stadt. Es ist das einzig erhaltene Stadttor. Die **Stadtmauer** ist in Teilen gut erhalten und begehbar. Der Rapportierplatz ist neben dem Marktplatz die einzige größere Fläche zwischen den Gassen. Bevor die Soldaten dort antreten mussten, war der Platz Viehmarkt, heute säumen ihn Cafés. Die **Pfarrkirche St. Antonius** wurde im 17. Jh. gebaut, um die Gegend zu katholisieren. Biegt man von der Straße Klenkertor in die Obergasse, kommt man zum ältesten Haus in Meisenheim, dem **Boos von Waldeck'schen Hof**. Das Fachwerkhaus Ritterherberge (1580) war vermutlich

Treffpunkt der Ritterfamilien. Die **Schlosskirche** (1479–1504) gilt als bedeutendes Werk der Spätgotik mit eindrucksvollem Gewölbe und einer Rokoko Kanzel. Das **Gelbe Haus** (1497) in der Amtsgasse gehört zu den ältesten Fachwerkbauten der Region. An der Kreuzung Untergasse und Rathausgasse steht das spätgotische **Rathaus** (1508) mit einer früher als Marktstätte genutzten Halle im Erdgeschoss.

INFORMATION
Tourist-Information, Untergasse 16
55590 Meisenheim, Tel. 06753 1 21 23
www.stadt-meisenheim.de

5 Kusel

Kusel (5000 Einw.) zeigt sich den Besuchern widersprüchlich. Einerseits schöne Häuser-Ensembles wie am Marktplatz, andererseits abblätternde Fassaden. Stadt und Bürger gehen mit viel Elan gemeinsam die Neugestaltung an.

SEHENSWERT
Das **Stadt- und Heimatmuseum** in einem Gebäude mit klassizistischer Fassade (Marktstr. 27, www.museum.kusel.de; Di.–So. 14.00 bis 17.00 Uhr) geht ausführlich auf die Stadtgeschichte mit mehreren Bränden ein und erinnert multimedial an den berühmtesten Sohn der Stadt, den Tenor Fritz Wunderlich.

RESTAURANT
Im Haus Pfälzer Bergland mit Spezialitäten der Region bietet die € **Brasserie Revilo** täglich wechselnde Mittagsgerichte mit leckerer hausgemachter Limonade (Trierer Str. 4–6, 66869 Kusel, www.kulinarisches-haus.de, So. Ruhetag).

UMGEBUNG
Den Weg der Auswanderer aus der Pfalz in die neue Heimat über 300 Jahre zeichnet das **Auswanderermuseum** in einer ehemaligen Scheune in **Oberalben** nach (Hauptstr. 3b, 66871 Oberalben, www.auswanderermuseum.de; 1. und 3. So. 14.00–17.00 Uhr). Die **Burg Lichtenberg** (3 km nordw.) ist eine der größten Anlagen ihrer Art in Deutschland. Sie wurde vom 12.–15. Jh. wiederholt ausgebaut und vergrößert, nie zerstört. Neben einer Jugendherberge und einem Restaurant beherbergt sie auch das **Urweltmuseum Geoskop** und das **Musikantenland- und Naturkundemuseum** (Burgstr. 17, 66871 Thallichtenberg, April–Okt. tgl. 10.00–17.00, sonst Pause von 12.00–14.00 Uhr). Für die landschaftlich abwechslungsreiche **Draisinentour durchs Glantal** von Altenglan nach Staudernheim stehen verschiedene Gefährte zur Verfügung (www.draisinentour.de; März–Okt. tgl. ab 9.00 Uhr).

INFORMATION
Tourist-Information, Bahnhofstr. 67
66869 Kusel, Tel. 06381 42 42 70
www.pfaelzerbergland.de

Genießen Erleben Erfahren

DuMont Aktiv

Schätze aus dem Berg

Eisen- und Kupfererze holten vor gut 2000 Jahren römische Bergleute aus den Gruben bei Imsbach. Später wurden auch Silber, Blei, Quecksilber, Mangan und Kobalt abgebaut. Bis dann Anfang des 20. Jahrhunderts die Vorräte erschöpft waren. Jetzt fahren Besucher in die Gruben ein.

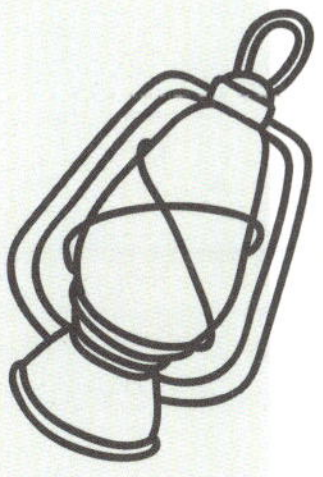

Die „Weiße Grube“, eine der ältesten des Reviers, ist seit 1979 für Besucher offen, die Grube „Maria“ seit 2006. Von April bis Oktober können Besucher für etwa eine Stunde in den Berg „einfahren“. Das bergmännische „Einfahren“ macht man zu Fuß, weshalb sich festes Schuhwerk empfiehlt. Auch eine Jacke wäre nicht schlecht, da im Stollen eine konstante Temperatur von etwa 12 Grad zu erwarten ist. Helme und Umhänge bekommt jeder vor dem Start durch die engen unterirdischen Gänge im Grubenhaus.

Wie mühsam die Arbeit der Bergleute war, wird in beiden Gruben klar, auch wenn in der letzten Phase des Imsbacher Bergbaus Anfang des 20. Jahrhunderts bereits Sprengstoff zum Einsatz kam. In der Grube „Maria“ erforscht man den Bergbau auf zwei Ebenen oder „Sohlen“ wie die Bergleute diese nennen. Der Hauptstollen führt kerzengerade 250 Meter in den Berg. Über eine Wendeltreppe in einem Schacht geht es zum etwa 15 Meter höher liegenden oberen Stollen, vorbei an engen Gängen aus dem 18. Jahrhundert. Und der Weg zurück? Den gibt es nicht. Die Grube „Maria“ verlassen die Besucher überraschenderweise auf der anderen Seite des Bergs.

Weitere Informationen
Besucherbergwerke: „Weiße Grube“ und Grube „Maria“, Langental 1, 67817 Imsbach, Tel. 06302 3448 und Pfälzisches Bergbaumuseum, Ortsstraße 2, 67817 Imsbach, www.bew-imsbach.de, April–Okt. Sa. 13.00–17.00, So., Fei. 11.00–17.00 Uhr, Führungen stündlich.

Wandern: Wer nun noch mehr erfahren will, kann einen von drei montanhistorischen Wanderwegen (zwischen 3,3 und 7 Kilometer lang) mit Informationstafeln gehen. Genaue Routen unter www.bew-imsbach.de.

Staunend stehen die Bergwerksbesucher vor den erzhaltigen Wänden, kompetent geführt von Fachleuten, die auch den Weg nach draußen kennen.

Schöne Mitbringsel

„Palz fer dehääm"

Wer in der Pfalz auf den Geschmack gekommen ist, kann sich in vielfältiger Form ein Stück Lebensart mit nach Hause nehmen, sozusagen „Palz fer dehääm". Das müssen nicht nur ein paar Flaschen Wein oder Sekt sein, das kann auch Essig sein, Kaffee, Bonbons oder einfach ein paar Dubbegläser.

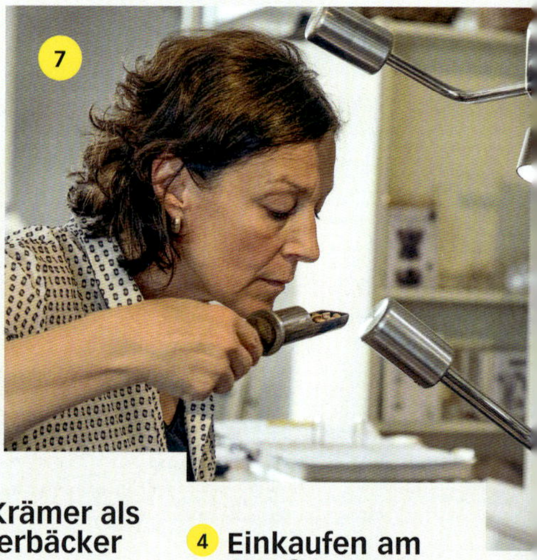

1 Saumagen

Der Laden der Metzgerei Hambel ist klein, liegt ein bisschen versteckt in der Wachenheimer Hintergasse, aber der Name ist in der Genießerwelt ganz groß. Besonders in Sachen Saumagen. Den gibt es nicht nur klassisch mit Schweinefleisch, Kartoffeln, Muskatnuss, Koriander, Nelken und Majoran sondern auch mit Chili, im Frühjahr mit grünem Spargel oder im Herbst mit Maronen. Freitags um 11 Uhr kann man die Delikatesse mit einem Glas Sekt vor Ort verkosten. Anmeldung erwünscht.

Metzgerei Hambel, Hintergasse 1, 67157 Wachenheim, Tel. 06322 46 13, metzgerei-hambel.de

2 Frühlingsstimmung aus der Pralinentheke

Um die blühenden Mandelbäume in der Pfalz zu sehen, muss man im Frühjahr kommen. Mandelpralinen, Schokomandeln und Mandelgebäck gibt es in den Confiserien eigentlich immer. Zum Beispiel bei der Rebmann Manufaktur in Bad Bergzabern. Man muss die Innenstadt verlassen und Richtung Friedhof gehen, um die Köstlichkeiten zu finden. Oder man schaut beim „Neuen Herzog" vorbei und probiert einen Nussnugatwürfel: Mandelnugat, umhüllt mit hellem Kakao und gebrannten Mandeln. Da macht es auch gar nichts, dass die Mandeln in der Regel nicht von den Pfälzer Mandelbäumen stammen.

René Rebmann, Petronellastr. 33, 76887 Bad Bergzabern, Tel. 06343 9 89 38 83, trueffelshop.com

Das Neue Herzog, Marktstr. 48, 76887 Bad Bergzabern, Tel. 06343 15 35, cafe-herzog.de

3 Der Krämer als Zuckerbäcker

Nach seinen ersten Experimenten brauchte Thomas Krämer eine neue Arbeitsplatte für die Küche. Inzwischen schwingt der IT-Fachmann im „Krämerladen" in Kaiserslautern virtuos die heiße Zuckermasse über die Arbeitsplatte aus Stahl und zieht sie über den Metallhaken an der Wand. Jetzt hat er das richtige Gespür, um dünne Zuckerstangen zu formen, die mit einem kleinen Beil zu Bonbons zerkleinert werden. Wer sehen will, wie die Leckereien entstehen, sollte vorher fragen, wann Thomas Krämer wieder in der Zuckerbäckerei steht.

Krämerladen, Rummelstr. 15, 67657 Kaiserslautern, Tel. 0631 89 29 15 12, kraemerladen-kaiserslautern.de

4 Einkaufen am Straßenrand

Gut, dass einige Ortsdurchfahrten in der Pfalz auf Tempo 30 begrenzt sind. Sonst gäbe es wohl manchen Auffahrunfall mehr, wenn der eine oder andere Autofahrer unvermittelt auf die Bremse tritt, um am Straßenrand einzukaufen. Fast das ganze Jahr über bieten Erzeuger an, was sie vom Feld holen, nicht nur die beliebten Pfälzer Kartoffeln, die Grumbeere. Im Herbst ist das Angebot ganz besonders üppig und bunt. Tomaten, Äpfel, Quitten, Pflaumen, Nüsse, Kürbisse und manchmal auch eine Flasche Wein oder Schnaps oder ein Glas hausgemachte Marmelade stehen da am Straßenrand. Hin und wieder gilt Selbstbedienung, aber bitte nicht die Kasse übersehen.

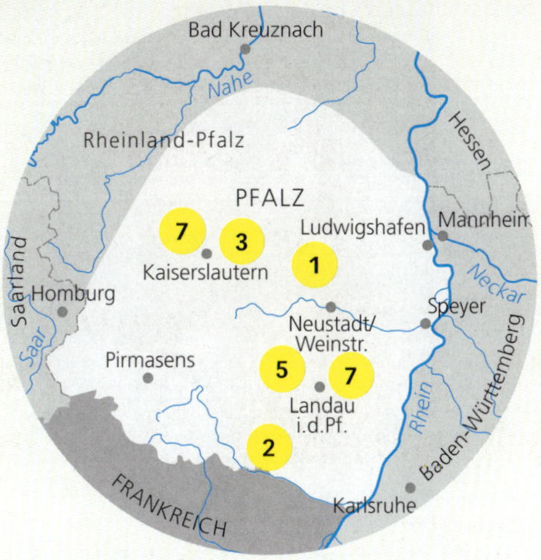

5 Rotes Gold auf Pfälzer Acker

Georg Wiedemann vom Weinessiggut Doktorenhof ist experimentierfreudig. So beschloss er vor mehr als 30 Jahren, statt Wein Essig herzustellen und überzeugt seitdem mit einer Vielfalt feiner Essige zum Kochen und zum Trinken. Vor einigen Jahren hat er sich an eine alte Pfälzer Tradition erinnert, den Anbau von Safran. Mit 25 000 Safranzwiebeln, importiert aus dem Iran, fing Wiedemann an und erntete im Jahr 2013 erstmals die roten Stempelfäden aus den violetten Blüten, die an Herbstzeitlose erinnern. Alles in Handarbeit, wie bei der Essigherstellung. Und dann müssen die Fäden auch noch ein Jahr lang trocknen, bevor sie verwendet werden können. Kein Wunder, dass Safran zu den teuersten Gewürzen der Welt zählt. Georg Wiedemann hat feinsten Balsamessig und Safran zusammengebracht, mit dem man Speisen verfeinern kann oder der mit Honig vermischt wunderbar zu Ziegen- oder Schafskäse passt. Erhältlich auf dem Doktorenhof in Venningen. Samstags gibt es immer eine Probe der Kochkunst mit Essig.

Weinessiggut Doktorenhof, Raiffeisenstr. 5, 67482 Venningen, Tel. 06323 55 05, doktorenhof.de

6 Pfalzprodukte online

Wer sich in der Pfalz an das Dubbeglas gewöhnt hat, muss zu Hause nicht darauf verzichten. Im Pfalz-Shop gibt es den Klassiker mit 0,5 Liter Inhalt oder als kleine Variante mit 0,25 Liter. Martin Lutz und Gernot Schwinn nehmen das Dubbeglas als Vorlage und machen Holztische, Hocker, Windlichter, Würfel- und Eierbecher im Dubbestil. Alles Pfälzer Handarbeit. Falls es bis zum Pfalzurlaub noch dauert, kann man im Shop von pfalz.de all die Leckereien kaufen, die vor Ort so gut schmecken. Pfälzer Spezialitäten sind in verschiedenen Kisten zusammen gestellt.

pfalz.de/shop; dubblikat.de/shop; pfalz-shop.de

7 Kaffeeduft liegt in der Luft

Auch Stephanie und Christian Bebensee haben zuerst einmal viel experimentiert, bevor sie 2012 ihr Café mit Rösterei in Kaiserslautern eröffneten. Jetzt haben sie den Dreh raus. 15 bis 19 Minuten bleiben die unterschiedlichen Rohkaffees bei maximal 220 Grad im Trommelröster. Und darin liegt der größte Unterschied zum Industriekaffee, der bei deutlichen höheren Temperaturen deutlich kürzer geröstet wird. Geschmacksvariationen wie in den kleinen Röstereien sind beim Supermarktkaffee kaum möglich, und so frisch geröstet ist er nach langen Lieferwegen auch nicht mehr. Wer nicht weiß, welche Kaffeesorte er nehmen soll, kann sich im Café der Bebensees durch die Karte trinken und dann entscheiden.
Ein Konzept, das Kaffeeliebhaber in der Pfalz immer häufiger finden, beispielsweise auch in Neustadt, Landau und Bad Bergzabern.

Kaffeerösterei, Steinstr. 27, 67657 Kaiserslautern, Tel. 0631 36 60 06 51, kaffeeroesterei-kaiserslautern.de

Parezzo, Marktstr. 53, 76829 Landau, Tel. 06341 94 25 55, parezzo.de

Genießen in der Pfalz ist leicht: schöne Hotels, fröhliche Feste und leckeres Essen.

Service

Keine Reise ohne Planung. Auf den folgenden Seiten haben wir für Sie Wissenswertes und wichtige Informationen für Ihren Pfalz-Urlaub zusammengefasst.

Anreise

Mit dem Auto: Die Autobahn A 6 führt quer durch die Region von Saarbrücken im Westen kommend über Kaiserslautern nach Mannheim im Nordosten. Weitere wichtige Verbindungsstraßen sind die A 61 von Koblenz über Worms nach Speyer, die A 62 aus dem saarländischen Nonnweiler nach Pirmasens, die A 63, die von Mainz nach Kaiserslautern führt, und die A 65, die die Weinstraße erschließt. Auf der B 10 kommt man am schnellsten von Landau nach Primasens, auf der B 9 von Wörth nach Speyer.
Mit der Bahn: Knotenpunkt für alle ICE-Verbindungen ist der Hauptbahnhof Mannheim. Von dort fahren Regionalzüge zu den größeren Orten. Intercity-Züge halten auch in Neustadt und Kaiserslautern. Darüber hinaus fahren S-Bahnen und Busse (www.bahn.de). Für die Mobilität vor Ort findet man beim Verkehrsverbund Rhein-Neckar (VRN) Verbindungen (www.vrn.de). Fahrräder können montags bis freitags ab 9.00 Uhr und an Wochenenden ganztägig mitgenommen werden. Alle Verbundsysteme für Bus und Bahn in Rheinland-Pfalz sind unter www.der-takt.de gesammelt.
Mit dem Flugzeug: Am besten eignet sich der Flughafen Frankfurt/Main für eine Anreise aus der Luft. Von dort weiter mit dem ICE über Mannheim in die Pfalz.

Auskunft

Pfalz.Touristik e.V.
Martin-Luther-Str. 69
67433 Neustadt an der Weinstraße
Tel. 06321 3 91 60
www.pfalz.de

Ermäßigungen

Mit der **Pfalzcard** bietet die Urlaubsregion Pfalz ihren Gäste eine Karte, die freie Fahrt in Bussen und Regionalbahnen sowie freie Eintritte in zahlreiche Museen und Freizeiteinrichtungen gewährt. Im April 2018 startete das Tourismusprojekt mit 100 Hotels, Ferienwohnungen und Jugendherbergen und 80 Freizeitangeboten. Die Gäste erhalten die kostenlose Karte ab der ersten Nacht, finanziert wird sie durch eine Umlage der teilnehmenden Betriebe. Freien Eintritt gibt es zum Beispiel in das Sealife Speyer, das Hambacher Schloss, die Südpfalz-Therme in Bad Bergzabern und das Dynamikum in Pirmasens. Die Karte soll den Pfalz-Touristen auch anregen, die Pfalz als Ganzes zu erkunden. Weitere Informationen sowie eine Liste der beteiligten Freizeiteinrichtungen und Unterkünfte unter www.pfalz.de.

Essen und Trinken

Gerichte: Die Pfälzer Küche ist von ihrem Ursprung her deftig und manchmal ist so auch die Bezeichnung der Gerichte. Ein **Pfälzer Sack** zum Beispiel besteht aus einer Bratwurst mit je einem Leberknödel rechts und links der Wurst dekoriert, ein **Schiefer Sack** hat nur einen Knödel. Immer serviert mit Sauerkraut und duftendem Bauernbrot. So auch auf dem **Pfälzer Teller**, auch „Pfälzer Dreifaltigkeit" genannt, neben Bratwurst, Leberknödel und Saumagen. Der **Saumagen** hat überregionale Berühmtheit zu der Zeit erlangt, als Helmut Kohl Bundeskanzler war, da er ihn gerne internationalen Staatsgästen servieren ließ. Der französische Staatspräsident François Mitterrand soll ganz begeistert gewesen sein. Kein Wunder, denn der Saumagen schmeckt ja auch lecker. Beim bekanntesten Saumagen-Metzger der Pfalz, bei Klaus Hambel in Wachenheim, besteht das fettarme Gericht aus 40 Prozent extrem magerem Schweinefleisch, 30 Prozent gekochten und gewürfelten Kartoffeln, 30 Prozent Schweinemett, Salz, Pfeffer, Muskat, Koriander und Majoran. Neben dieser klassischen Zusammensetzung experimentieren die Pfälzer, indem sie Spargel, Kastanien, Pfifferlinge oder Äpfel untermischen. Die Kartoffel, die im Saumagen verarbeitet wird, spielt gerne auch die Hauptrolle. „Grumbeere" gibt es in der Pfalz überall. Zum Beispiel als **Gequellte mit weißem Käs**, also Pellkartoffeln mit Quark, der mit Gewürzen und frischen Kräutern angemacht wird. Oder als **Bebreedelte**, Bratkartoffeln mit Speck und/oder ausgebratener Leberwurst. In der Westpfalz stehen gern rohe **Kartoffelklöße** mit einer Specksoße auf der Speisekarte. **Kartoffelsuppe** gibt es teils mit süßem Zwetschgenkuchen. Im Frühjahr führt kein Weg am Spargel vorbei, im Herbst

Preiskategorien

€€€	Hauptspeisen	über 30 €
€€	Hauptspeisen	15–30 €
€	Hauptspeisen	bis 15 €

Traumhafte Idylle unter Reben, Palmen und Olivenbäumen

Erleben Sie die Pfälzer Gemütlichkeit im Weingut Werner Anselmann: Bei einem Glas Wein entspannt mit den Tischnachbarn plaudern, Pfälzer Spezialitäten genießen und sich dabei zwischen Palmen und Oleandern die laue Sommerluft um die Nase wehen lassen.

Herzliche Gemütlichkeit

Urlaubsstimmung herrscht im Sommer auf der **„Brunnenterrasse"** des Weinguts Werner Anselmann in Edesheim. Das über 1300 Jahre alte Winzerdorf mit 2400 Einwohnern liegt an der Südlichen Weinstraße, geschützt durch die Berge der Haardt im Westen. Durch das milde Klima reifen im Ort neben Weintrauben auch Feigen, Kiwis, Aprikosen, Pfirsiche, Mandeln und Edelkastanien.

Auf der Terrasse findet man schnell ein lauschiges Plätzchen unter Bäumen, Palmen, Reben, blühenden Oleandern und duftenden Rosen. Sie sorgen gemeinsam mit der Herzlichkeit der Familie Anselmann für ein entspanntes **mediterranes Lebensgefühl**. Genau das Richtige, um den Mittag zu genießen oder den Abend gemütlich ausklingen zu lassen.

In der **Straußwirtschaft** gibt es feine **Pfälzer Gerichte**, eine große Auswahl an verschiedenen Flammkuchen, Fleisch- und Fischgerichten sowie **spanische Tapas** und natürlich den hauseigenen Wein. An schönen Sonnentagen schmecken Kaffee und **selbstgebackene Kuchen** auf der Gartenterrasse mit Goldfischteich und Sandsteinbrunnen besonders gut. Im Herbst werden Zwiebelkuchen und Federweißer angeboten. Wer rechtzeitig reserviert, kann sich an Sonn- und Feiertagen das reichhaltige **Frühstücksbuffet** schmecken lassen, anschließend bei einem **Spaziergang durch die Weinberge** die wunderbare Landschaft genießen und zum Abschluss das ein oder andere Gläschen Wein trinken.

Das Weingut Werner Anselmann ist das ganze Jahr über einen Besuch wert. Täglich sind die **Weinprobierstube** im Haus und der an der Hauptstraße gelegene **Weinprobierstand** geöffnet. Dort kann die große Auswahl an qualitativ **hochwertigen Weinen und Sekten** verkostet werden. Das fachkundige Team berät die Gäste gerne bei der Weinauswahl und beim Weinkauf.

Viel Erfahrung und das ständige Streben nach Qualität prägen das Weingut. Die erste urkundliche Erwähnung der Familie Anselmann datiert auf das Jahr 1126. Seit Jahrhunderten ist die Familie dem Weinbau verbunden und im südpfälzischen Edesheim verwurzelt. Mit dem herausragenden 1959er Jahrgang beschloss Werner Anselmann, Vater der jetzigen Inhaber, die Flaschenweinvermarktung voranzutreiben. Heute wird das Weingut, das mit einer Rebfläche von rund 140 Hektar zu den größten **familiengeführten Weingütern** Deutschlands zählt, von den Geschwistern Ralf und Ruth Anselmann geführt. Weltweit werden die Weine in über 25 Länder exportiert.

Die Weinberge werden **mit viel Handarbeit naturnah und nachhaltig** gepflegt, große Bedeutung hat in dem Familienbetrieb traditionell weiterhin die Handlese. Diplom-Agraringenieur Ralf Anselmann (Winzer des Jahres 2010, DLG) ist für den Ausbau im Keller verantwortlich. Auf die **Authentizität** seiner Weine und Sekte legt er größten Wert. Deshalb erfolgen Abfüllung und Versektung komplett im eigenen Betrieb. Das Ergebnis sind qualitativ hochwertige Weine von internationalem Niveau. Dies beweisen die vielen hohen Prämierungen und Auszeichnungen bei nationalen und internationalen Wettbewerben.

Bei diversen internationalen Ereignissen werden die Weine ausgeschenkt, wie im Deutschen Haus der Olympischen Spiele, bei der Wahl zum Sportler des Jahres, der Berlinale, der Bambi- und der Echo-Verleihung.

ADRESSE & ÖFFNUNGSZEITEN

Weingut Werner Anselmann
Staatsstraße 58-60, D-67483 Edesheim
Tel.: +49 6323 94120
info@weingut-anselmann.de
www.weingut-anselmann.de

Weinprobe & -verkauf:
Montag-Samstag: 8:00 - 20:30 Uhr
Sonntag u. Feiertags: 9:00 - 20:30 Uhr

Straußwirtschaft „Brunnenterrasse":
von Mitte Mai bis Oktober täglich ab 10 Uhr

Nicht nur im Frühling, wenn die Mandelbäume blühen, lässt es sich in der Pfalz gut wandern. Die Wandersaison dauert das ganze Jahr über.

keiner an Wild- und Kastaniengerichten. Bei mehr als 80 Gemüsesorten, die in der Pfalz gezogen werden, ist frische Küche zu jeder Jahreszeit garantiert. Aus dem benachbarten Elsass haben die Pfälzer den **Flammkuchen** übernommen, sehr dünne Teigfladen mit einem Belag aus Schmand, Zwiebeln und Speck oder einer fantasiereichen Variation. **Worscht und Fleesch** spielen in der Pfalz eine große Rolle, aber in den Seen und Weihern schwimmen Forellen, Saiblinge und Zander, die ebenfalls in feine Gerichte verwandelt werden. Nicht unbedingt als Dessert sind die **Dampfnudeln** gedacht, deren Teig aus Mehl, Hefe, Milch und Eiern geknetet wird. Wenn er genügend aufgegangen ist, wird der Teig zu kleinen Kugeln geformt, die in einer schweren Pfanne bei geschlossenem Deckel eine knusprige Kruste entwickeln. Dazu gibt es Vanille- oder Weinsoße. Zum Dessert wird eher das **heimische Obst** verarbeitet, wozu auch Feigen und Kiwis zählen.
Getränke: Wenn nicht Wasser, Trauben- oder Apfelsaft ist in der Pfalz natürlich **Wein** das meistgetrunkene Getränk zum Essen. Riesling ist die Hauptrebsorte, doch je nach Boden gibt es große Unterschiede. Von der Südlichen Weinstraße kommen auch schöne Burgunderweine, Grau-, Weiß- oder Spätburgunder. Die **Pfälzer Schorle** ist zwar eine Mischung aus Wein und Wasser, aber der Weinanteil ist deutlich höher als der des Wassers.

Feiertage und Feste

Feiertage: Neujahr (1.Jan.), Karfreitag, Ostermontag, Tag der Arbeit (1. Mai), Christi Himmelfahrt, Pfingstmontag, Fronleichnam, Tag der deutschen Einheit (3. Okt.), Allerheiligen (1. Nov.), Weihnachten (25. und 26. Dez.)
Feste: Im März und April feiern die Pfälzer und Tausende von Gästen die **Mandelblüte** mit Wanderungen, Festen, Lichtinstallationen und leckeren Mandelgerichten (www.mandelbluete–pfalz.de; mandelbluetenfest.de). Fast das ganze Jahr über wird der Wein gefeiert, jeder Ort hat sein eigenes mehr oder minder großes Fest. Am letzten Sonntag im August wird sogar von 10.00 bis 18.00 Uhr die komplette Weinstraße für den Autoverkehr gesperrt, um zu feiern. Im Januar machen Landau-Nußdorf und Freinsheim den Auftakt, Anfang März wird bei den Bad Dürkheimer **Weinbergnächten** und Anfang April bei **Wein am Dom** in Speyer gefeiert. In Rhodt unter Rietburg feiern Einheimische und Gäste an Pfingsten das **Heimat- und Blütenfest** auf der wunderschönen Theresienstraße. An zwei Wochenenden im Juni/Juli begeht Neustadt-Mußbach das **Eselshautfest**. Mitte Juli feiert das mittelalterliche Freinsheim das **Stadtmauerfest** und Ende Juli Ilbesheim bei Landau das **Kalmitweinfest** mit wunderschöner Aussicht. Das größte Weinfest ist der **Wurstmarkt** TOPZIEL in Bad Dürkheim Anfang September. Das älteste Volksfest der Pfalz ist der **Purzelmarkt** in Billigheim Mitte September. Im Oktober verlagern sich die Feste langsam in die Keller wie am 2. Oktober in Landau-Nußdorf. Der Birkweiler **Weinwinter** im Dezember beschließt den Reigen der Weinfeste. Um den Überblick nicht zu verlieren, gibt es eine Weinfeste-App: www.pfalz.de/app. In der **Adventszeit** sind in vielen Orten Märkte, allerdings oft nur an Wochenenden.

Kinder

Der **Holiday-Park in Haßloch** bietet viel Nervenkitzel und Unterhaltung für (fast) alle Altersschichten, auch Shows wie die Wasserski-Stuntshow oder jahreszeitliche Attraktionen. Zwei große und schnelle Achterbahnen gibt es für die Großen, ein Majaland für die ganz Kleinen. Auch das Wikingerkind „Wickie" hat eine eigene Welt mit dem Kettenflieger „Wellenflug" und der Familien-Wasserbahn „Wickie Splash" (Holiday-Park-Str. 1, 67454 Haßloch, www.holidaypark.de; Mitte März–Anfang Nov. ab 10.00 Uhr). Eine Mischung aus Wild- und Freizeitpark ist der **Kurpfalz Park in Wachenheim**. Seine Attraktivität machen vor allem die Tiere aus: Wildschweine, Rotwild, Mufflons, Wölfe, schwarze und weiße Hirsche und viele mehr. Daneben gibt es eine Schwebebahn und den „Kurpfalz-Coaster", der mitten durch die Natur saust (Rotsteig, 67157 Wachenheim, www.kurpfalz-park.de; Ende März–Anfang Nov. ab 9.00, Fahrgeschäfte ab 10.00 Uhr). Im **Fun Forest Park Kandel** können Kinder ab 7 Jahren auf verschiedenen Routen klettern, für Drei- bis Sechsjährige gibt es ein spezielles Angebot, ab 14 Jahren gibt es weitere Herausforderungen. 24 Hochseilparcours stehen zur Auswahl, mehr als 200 Bäume im Bienwald sind mit 17 000 Metern Stahlseil verbunden (Badallee, Nähe Waldschwimmbad, 76870 Kandel, www.kandel.funforest.de; Ende März–Anfang Nov. ab 10.00 Uhr, zu bestimmten Terminen auch Klettern bei Nacht). Im **Biosphärenhaus** in **Fischbach**, im **Haus der Nachhaltigkeit Johanniskreuz**

Info

Daten & Fakten

Landesnatur und Klima: Die Nordpfalz ist ein hügeliges bis bergiges Land, überragt vom Donnersberg (687 Meter). Der Pfälzerwald ist ein Buntsandsteingebiet mit Höhen bis zu 673 Metern (Kalmit). Nach Osten fällt das Gebirge zur Haardt mit Höhen von rund 200 Metern hin ab und läuft in der Vorderpfälzer Rheinebene aus. Da vorwiegend Westwinde das Klima bestimmen, liegen die Orte der Weinstraße sehr günstig im Wind- und Regenschatten des Pfälzerwaldes. Dadurch herrscht an der Weinstraße fast mediterranes Klima vor, weshalb nicht nur Trauben sondern auch Zitronen, Feigen und Kiwis reifen. Schon im März und April blühen die Mandelbäume an der Weinstraße. Die geringsten Niederschläge fallen im März/April und im September/Oktober. Im Sommer kann es in der Rheinebene durchaus auch schwül sein.
Natur: Der Pfälzerwald ist das erste grenzübergreifende Biosphärengebiet in Europa. Im Norden ist er kaum besiedelt und gilt als das größte zusammenhängende Waldgebiet Deutschlands. Im Süden geht der Pfälzerwald kaum merklich in die Nordvogesen über. Nördlich schließt das Naturschutzgebiet Mehlinger Heide an, die größte Heidefläche Süddeutschlands, entstanden aus einem ehem. Truppenübungsplatz. Das Landschaftsschutzgebiet Erdekaut bei Eisenberg ist nach Auflassung von Tongruben entstanden.
Wirtschaft: Die 1,3 Millionen Pfälzer arbeiten häufig in Weinbau, Landwirtschaft und Tourismus. Weitere Arbeitsplätze, wenn auch nicht mehr so viele wie früher, bietet die Schuhproduktion, vor allem in Pirmasens, das Chemieunternehmen BASF in Ludwigshafen sowie die Daimler AG mit einem Lkw-Montagewerk in Wörth und einem Ersatzteillager in Germersheim, jeweils weltweit die größten ihrer Art. Kaiserslautern setzt auf eine Zukunft in der Informationstechnologie.

und im **Wildpark** bei **Silz** gibt es für Kinder viele spannende Möglichkeiten, die Natur zu erforschen (www.biosphärenhaus.de; www.hdn-pfalz.de; www.wildpark-silz.de). Auf dem Gelände der **Gartenschau** in Kaiserslautern warten riesige Dinosaurier auf die kleinen Fans (Lauterstr. 51, 67659 Kaiserslautern, www.gartenschau-kl.de; Ende März–Okt. tgl. 9.00–19.00 Uhr). Im **Dynamikum** in Pirmasens können Kinder nicht nur Bewegungsdrang ausleben und Geschicklichkeit austesten, sondern dabei auch spielerisch viel über Naturwissenschaft lernen (Fröhnstr. 8, Im Rheinberger, 66954 Pirmasens, www.dynamikum.de; Mo.–Fr. 9.00 bis 18.00, Sa., So., Fei. ab 10.00 Uhr).

Historischer Schiffbau in Neupotz steht modernem Flugzeugbau in Speyer gegenüber.

Bewegungsangebote für alle Generationen: Die Alla-Hopp-Anlagen in der Pfalz.

Pfälzisch

Wenn jemand nach „dem Butter" fragt oder auf „die Bach" hinweist, dann ist das korrektes Pfälzisch und kein grammatikalischer Fehler. Kann man ja auch als Nicht-Pfälzer verstehen. Schwieriger wird es, wenn man einen „Teppich" angeboten bekommt. Sollte man in diesem Augenblick frieren, ist das Angebot genau richtig, denn der Pfälzer meint damit eine wärmende Decke. Das Pfälzische ist eine sehr melodische Sprache, die in allen Generationen als „Muttersprooch" sehr gepflegt wird. Sie strahlt etwas Fröhliches, Leichtes aus, selbst wenn die Pfälzer auf einen „Dummbeidel" schimpfen. Ein paar Worte sollte man kennen wie „nunnerzus" für hinunter bei Wegbeschreibungen oder „anno Duwak", wenn aus der Vergangenheit erzählt wird. Ein „Trollschoppe" ist das letzte Glas, bevor man dann doch mal nach Hause geht, wobei „Schoppe" immer den halben Liter meint. Wenn dieser leer ist, wird nochmals unmissverständlich klargestellt: „Jetzt missemer awwer geh." Oder es wird noch ein Trollschoppen bestellt. Zu Hochform laufen die Pfälzer auf, wenn sie von der Jagd auf „Elwetritsche" erzählen, wobei da keiner so genau weiß, was es zu jagen gilt. Die Elwetritsche ist ein (Fabel-)Wesen, das einem Vogel oder Huhn nicht unähnlich sein soll. Schwierig ist die Beschreibung allemal, da die Elwetritsche sehr individuelle Wesen sind und jede eigentlich ganz anders aussieht als die andere. Gut zu erkennen auf Elwetritsche-Darstellungen und Brunnen zu ihren Ehren überall in der Pfalz. Das soll daran liegen, dass sich die geheimnisvollen Wesen nur nachts zeigen, bevorzugt in Vollmondnächten. Zur Jagd-Ausrüstung gehören ein Sack und eine Laterne und meistens viel Wein. Man ruft „Tritsch, tritsch" und hofft gehört zu werden. Auf alle Fälle ist es eine große Gaudi, die mancherorts auch für Touristen angeboten wird.

Regionale Produkte

Bauernmärkte, die meist von einem Fest begleitet werden, sind vor allem ein Thema im Herbst, wenn die Ernte eingefahren ist (Verzeichnis auf www.pfalz.de). Ganzjährig kann man in den **Hofläden** oder einfach am Stra-

Info

Geschichte

5000 v. Chr.: Steinzeitliche Siedlung in Herxheim
1300 v. Chr.: Bronzezeitliche Siedlung bei Speyer (goldener Hut von Schifferstadt)
ab 800 v. Chr.: Kelten besiedeln die Pfalz
50 v. Chr.: Römische Militärstützpunkte bis 400 n.Chr.
1027: Der Salier Konrad II. wird Kaiser und gibt Auftrag zum Bau des Speyerer Doms
1125: Staufer erheben Trifels zur Reichsburg
1152: Friedrich I. Barbarossa legt Grundstein für Pfalz in Kaiserlautern, zahlreiche Burgen entstehen in der Folgezeit
1214: Friedrich II. belehnt das Haus Wittelsbach mit der Pfalzgrafschaft
1294: Wittelsbacher trennen sich in bayerische und pfälzische Linie
14. Jh.: Die Pest wütet auch in der Pfalz
1521: Luther beim Reichstag in Worms
1524/25: Bauernkrieg
1556: Einführung der lutherischen Lehre
1618–1648: Große Verwüstungen durch Dreißigjährigen Krieg
1688–1697: Im Pfälzischen Erbfolgekrieg werden viele Orte niedergebrannt
1705: In der Religionsdeklaration erhalten Katholiken und Protestanten das Recht auf eine Kirche an jedem Ort; wo das nicht möglich ist, werden Kirchengebäude durch eine Mauer geteilt (Simultankirchen)
1797: Die Pfalz wird französisch
1816: Auf dem Wiener Kongress wird die Pfalz Bayern zugesprochen
1832: Beim Hambacher Fest fordern rund 30 000 Menschen demokratische Rechte ein
1865: Die BASF (Badische Anilin- und Sodafabrik) wird in Ludwigshafen gegründet
1918–1930: Nach dem Ersten Weltkrieg französische Besetzung der Pfalz
1935: Die Deutsche Weinstraße wird eröffnet
1946: Die Pfalz wird französische und amerikanische Besatzungszone; im August wird das Bundesland Rheinland-Pfalz gegründet
1951: Bei Ramstein entsteht der größte US-amerikanische Militärstützpunkt in Europa
1954: Mit fünf Spielern des 1. FC Kaiserslautern wird die deutsche Fußballnationalmannschafft Weltmeister in Bern
1970: Kaiserslautern erhält eine Universität
1981: Der Dom zu Speyer wird UNESCO-Weltkulturerbe
1988: Katastrophe mit 70 Toten beim Flugtag in Ramstein durch Zusammenstoß von drei Kunstflugmaschinen
1990: Speyer feiert 2000 Jahre Stadtgründung
1991–1999: Französische und amerikanische Truppen ziehen aus der Pfalz ab
1992: Der Pfälzerwald wird UNESCO-Biosphärenreservat
2000: Erste Landesgartenschau in Rheinland-Pfalz in Kaiserlautern
2006: Kaiserslautern ist Spielort der Fußballweltmeisterschaft
2014: Speyer, Mainz und Worms werden in die Vorschlagsliste für UNESCO-Welterbestätten aufgenommen
2017: Die Pfalz feiert 500 Jahre Reformation

KUNSTHALLE MANNHEIM
WWW.KUMA.ART
KUNST IM HERZEN MANNHEIMS
© Anselm Kiefer, Alicja Kwade, Rebecca Horn; Foto: Kunsthalle Mannheim / Rainer Diehl
H.W. & J. Hector Stiftung
MANNHEIM²

RheinlandPfalz
GENERALDIREKTION KULTURELLES ERBE
ENTDECKEN ERLEBEN EROBERN
BURG TRIFELS
Annweiler
HARDENBURG
Bad Dürkheim
VILLA LUDWIGSHÖHE
Edenkoben
Wandeln Sie auf den Spuren der faszinierenden Geschichte unseres Landes. Atemberaubende Ausblicke, spektakuläre Baukunst und spannende Inszenierungen erwarten Sie.
Generaldirektion Kulturelles Erbe Rheinland-Pfalz – Wir machen Geschichte lebendig!
Weitere spannende Ausflugs- und Wanderziele finden Sie unter www.burgen-rlp.de

ßenrand frische Produkte kaufen. Unter www.regionalmarkt.rlp.de sind Hofläden und Wochenmärkte aufgelistet.
Restaurants: In der Pfalz gibt es eine Fülle von guten Weinstuben und Restaurants. Auch auf den **Hütten** des Pfälzerwaldvereins wird stets gut und frisch gekocht, manche sind aber nur am Wochenende geöffnet (Verzeichnis unter www.pwv.de). Auch in einigen **Vinotheken** entlang der Weinstraße kann man gut und günstig essen. Ein Verzeichnis kann man unter www.pfalz.de bestellen. Eine kleine Auswahl von Restaurants wird auf den einzelnen Infoseiten vorgestellt. Die angegebenen Preiskategorien beziehen sich auf ein Hauptgericht.

Sport

Wandern: Bei 12 000 Kilometer Wanderwegen sind Wandern und Nordic-Walking im Pfälzerwald, entlang der Weinstraße und im Nordpfälzer Bergland das große Sportthema. Insgesamt 45 Prädikatswanderwege sind ausgeschildert. Die einzelnen Orte halten sehr viel Informationsmaterial bereit. Drei große Fernwanderwege durchziehen die Pfalz. Der **Pfälzer Höhenweg** im Norden führt ab Winnweiler im Donnersbergkreis auf 114 Kilometern nach Wolfstein im Kreis Kusel, der **Pfälzer Waldpfad** auf 144 Kilometern von Kaiserlautern nach Schweigen und der **Pfälzer Weinsteig** auf 172 Kilometern von Bockenheim ebenfalls nach Schweigen. Für diese Wege werden auch Arrangements für „Wandern ohne Gepäck" angeboten (www.wandermenue-pfalz.de; www.kleins-wandereisen.de; www.gepaeckservice-pfalz.de).
Radfahren: Auch für Radfahrer sind in der Pfalz viele Wege ausgeschildert, gleich ob sie mit Trekkingrad, Mountainbike oder E-Bike unterwegs sind. Durch den Pfälzerwald führen 20 Mountainbike-Strecken von mehr als 900 Kilometern Länge (www.mountainbikepark-pfaelzerwald.de). 34 Themenradtouren führen über 2000 Kilometer Strecke, unter www.tourenplaner-rheinland-pfalz.de kann man Ausflüge planen. Verleih- und Ladestationen für E-Bikes gibt es im gesamten Gebiet (Verzeichnis auf www.pfalz.de). Der **Bikepark Trippstadt** mitten im Pfälzerwald weist Strecken unterschiedlichen Schwierigkeitsgrades auf. Es gibt einen Dirt Bereich, einen Kinderparcours, eine Downhill Strecke sowie eine Techniksektion (am Kreisel vor Ortseingang Trippstadt von Stelzenberg kommend).
Baden: Naturfreibäder haben ihren eigenen Charme und in der Pfalz gibt es gleich mehrere. Der **Gelterswoog** bei Kaiserlautern ist der größte unter den Badeseen. Von reinem Quellwasser wird das **Naturfreibad Otterberg** gespeist. Am Rhein eignen sich viele Baggerseen auch zum Schwimmen. **Wellnessangebote** findet man im Felsland-Bad in Dahn, in den Thermen in Bad Bergzabern und Bad Dürkheim, im monte mare in Kaiserslautern und im la ola Freizeitbad in Landau.
Reiten: Auch zu Pferd kann man die Pfalz erobern. 26 Pfalz-zu-Pferd-Stationen gibt es, wo Ross und Reiter auf Touren übernachten können. Auf der Internetseite www.diepfalzzupferd.de erhalten Reiter Routenvorschläge mit Angabe des Schwierigkeitsgrads. Dort gibt es auch Informationen, wo man während eines Urlaubs reiten lernen kann.
Klettern: Die Felsen des Pfälzerwaldes sind ein Dorado für Kletterfans. Aber auch an der Weinstraße kann man in ehemaligen Steinbrüchen klettern wie in Neustadt-Gimmeldingen oder bei Bad Dürkheim. Unter www.pfaelzerkletterer.de gibt es Tourenvorschläge und Hinweise auf saisonale Sperrungen. In Landau kann man auch Indoor klettern (Fritz Rocks Kletterhalle, Alberst-Einstein-Str. 4, 76829 Landau, www.fritzrocks.de).
Golf: Plätze für Golffreunde und solche die es werden wollen sind in Waldfischbach-Burgalben, in Mackenbach bei Ramstein, in Börrstadt am Donnersberg, in Dackenheim nördlich von Bad Dürkheim, in Limburgerhof, Neustadt und bei Landau. Eine genauere Beschreibung der Plätze unter www.golfpost.de.

Unterkunft

Camping: Campingplätze und Wohnmobilstellplätze gibt es in allen Teilen der Pfalz. Im **Klingbachtal** bei Billigheim kann man stilecht in Weinfässern schlafen. Mitten im Wald liegt der Naturcampingplatz **Berwartstein**, zehn Gehminuten von der Burg entfernt und wenige Minuten vom Naturbadesee Seehof. Direkt am See wohnt man auf dem Campingplatz **Clausensee** in Waldfischbach-Burgalben, Aus-

Tipp

Pfalz-Lesetipps

Der Trend zum Regionalkrimi ist ungebrochen und einen besonderen Reiz entfalten diese Geschichten ja immer, wenn man sich in vor Ort aufhält. **Gina Greifenstein** lässt Paula Stern von Landau aus ermitteln, in „Spectaculum" auf der Burg Landeck, in „Metzelsupp" liegt ein Toter in einem Landauer Parkhaus, im „Teufelstropfen" in einem Kirchgarten und in „Rieslingtrüffel" auf einem Friedhof. **Jürgen Mathäss** versetzt einen Hamburger Kommissar in die Pfalz und der hat nicht nur mit der Sprache ein Problem. In „Pechstein" erfährt er – und auch der Leser – viel über das Weingeschäft. Auch in „Schweigen" und „Kastanienbusch" geht es um Wein. In den literarisch anspruchsvollen Krimis von **Monika Geier** ermittelt Kommissarin Bettina Boll, zuletzt in „Die Hex ist tot" und in „Alles so hell da vorn".

VIELPFALZ
Das Magazin „vielpfalz", von Pfälzern mit viel Liebe zur Region gemacht, erscheint sechs Mal jährlich mit Themen aus der Pfalz und aktuellen Veranstaltungen. Im Zeitschriftenhandel oder unter www.vielpfalz.de.

Die Theresienstraße in Rhodt unter Rietburg führt an Winzerhöfen vorbei bis zur Villa Ludwigshöhe.

Preiskategorien

€€€	Doppelzimmer	über 150 €
€€	Doppelzimmer	100–150 €
€	Doppelzimmer	unter 100 €

gangspunkt für viele Wanderungen. Auf dem Campingplatz **Donnersberg** können Gäste in Zelten, die zwischen Bäumen schweben, schlafen. Oder die Sterne am Himmel betrachten, denn das Zeltdach ist abnehmbar. Auf der Internetseite der Campingplatzbetreiber kann man gezielt nach Plätzen suchen (www.camping-sw.de). Oder man schaut in den ADAC-Campingführer, der auch als App erhältlich ist.
Jugendherbergen und Hütten: Preisgünstig übernachten Familien und Einzelreisende in Jugendherbergen. Besonders schön gelegen ist die Herberge in der **Burg Altleiningen**, hoch über dem Leininger Land mit Freibad im Burggraben. Auch in der Nähe von Kusel ist die Jugendherberge in einer Burg untergebracht, in der **Burg Lichtenberg**, einer der größten Burganlagen Deutschlands. Modern und ansprechend ist die Jugendherberge in **Bad Bergzabern** gestaltet, Ausgangspunkt in die Südpfalz und in den Pfälzerwald. Direkt bei der Felsformation „Braut und Bräutigam" und nicht weit entfernt vom Felsland-Badeparadies liegt die Jugendherberge in **Dahn.** In **Speyer** kann man nicht viel zentraler wohnen als in der dortigen Jugendherberge am Rheinufer, nicht weit von Dom, Museen und Freizeitbad. Zum April 2019 soll in **Pirmasens** eine hochmoderne Stadt-Jugendherberge öffnen. Weitere Angaben unter www.diejugendherbergen.de. Auch in einigen Hütten des Pfälzerwaldvereins kann man preiswert übernachten (www.pwv.de).
Ferienwohnungen: Eine Alternative zu Hotel und Gasthaus kann eine Ferienwohnung sein. Manche Winzer haben sich mit diesem Angebot ein weiteres Standbein geschaffen. Einblicke gibt es unter www.pfalz.de und www.landsichten.de. Im ehemaligen Herrenhaus in der Theresienstraße in Rhodt unter Rietburg ist jetzt das Gästehaus **Zweite Heimat** mit drei unkonventionellen Wohnungen (Theresienstr. 31, 76835 Rhodt u.R., www.gaestehaus-zweite-heimat.de). Das **Haus am Grenzgängerweg** liegt fast an der französischen Grenze am Rand von Nothweiler mitten in der Natur und ist sehr naturnah, aber modern gestaltet (www.haus-am-grenzgaengerweg.de).
Hotels und Gasthöfe: Übernachtungsangebote gibt es in der Pfalz in allen Preisklassen. Eine kleine Auswahl findet sich auf den jeweiligen Infoseiten. Die Preiskategorien beziehen sich auf eine Übernachtung im Doppelzimmer mit Frühstück.

Info

Wetterdaten

	TAGES-TEMP. MIN.	TAGES-TEMP. MAX.	NIEDER-SCHLAG TAGE	SONNEN-STUNDEN PRO TAG
Januar	-1°	4°	11	1,5
Februar	1°	6°	10	2,7
März	3°	12°	11	3,9
April	5°	16°	10	5,4
Mai	9°	20°	12	6,8
Juni	13°	24°	11	7,3
Juli	15°	26°	10	7,9
August	14°	25°	10	7,1
September	11°	21°	8	5,7
Oktober	7°	15°	9	3,6
November	4°	9°	11	2
Dezember	1°	5°	11	1,5

Register

Fette Ziffern verweisen auf Abbildungen

Impressum

1. Auflage 2018

Verlag: DuMont Reiseverlag, Postfach 3151, 73751 Ostfildern, Tel. 0711/4502-0, Fax 0711/4502-135, www.dumontreise.de
Geschäftsführer: Dr. Thomas Brinkmann, Dr. Stephanie Mair-Huydts
Programmleitung: Birgit Borowski
Redaktion: Dr. Gabriele Kalmbach
Text: Cornelia Tomaschko
Exklusiv-Fotografie: Gerald Hänel
Zusätzliches Bildmaterial: S. 93 Huber Images / Robert Maier, S. 106 Mauritius Images / SMART RT / Larissa Veronesi
Illustrationen: S. 63, 83, 114 iStock; S. 22, 41, 78, 99, 113 Shutterstock
Grafische Konzeption, Art Direktion: fpm factor product münchen
Layout: CYCLUS · Visuelle Kommunikation, Stuttgart
Cover Gestaltung: Neue Gestaltung, Berlin
Kartografie: © MAIRDUMONT GmbH & Co. KG, Ostfildern
Kartografie Lawall (Karten für „Unsere Favoriten")
DuMont Bildarchiv: Marco-Polo-Straße 1, 73760 Ostfildern, Tel. 0711/4502-266, Fax 0711/4502-1006, bildarchiv@mairdumont.com

Für die Richtigkeit der in diesem DuMont Bildatlas angegebenen Daten – Adressen, Öffnungszeiten, Telefonnummern usw. – kann der Verlag keine Garantie übernehmen. Nachdruck, auch auszugsweise, nur mit vorheriger Genehmigung des Verlages. Erscheinungsweise: monatlich.

Anzeigenvermarktung: MAIRDUMONT MEDIA, Tel. 0711/4502-0, Fax 0711/45021012, media@mairdumont.com, http://media.mairdumont.com
Vertrieb Zeitschriftenhandel: PARTNER Medienservices GmbH, Postfach 810420, 70521 Stuttgart, Tel. 0711/7252-212, Fax 0711/7252-320
Vertrieb Abonnement: Leserservice DuMont Bildatlas, Zenit Pressevertrieb GmbH, Postfach 810640, 70523 Stuttgart, Tel. 0711/7252-265, Fax 0711/7252-333, dumontreise@zenit-presse.de
Vertrieb Buchhandel und Einzelhefte: MAIRDUMONT GmbH & Co KG, Marco-Polo-Straße 1, 73760 Ostfildern, Tel. 0711/4502-0, Fax 0711/4502-340
Reproduktionen: PPP Pre Print Partner GmbH & Co. KG, Köln
Druck und buchbinderische Verarbeitung: NEEF + STUMME premium printing GmbH & Co. KG, Wittingen, Printed in Germany

Vorschau

Der Weg ist das Ziel. Das gilt für Wanderungen in den Dolomiten ganz besonders.

Tower Bridge: Wahrzeichen Londons und eine Brücke mit Eigenleben – sie bewegt sich!

London

Das Erbe des Empire –
findet man in den Museen – allen voran im British Museum und im Victoria & Albert Museum. Die erlesenen Sammlungen sind einzigartig.

Shop till you drop
London gehört zu den Top-Mode-Städten. Neben den Boutiquen bekannter Designer gibt es eine Fülle origineller Läden, folgen Sie unseren Shoppingtipps.

Am besten leicht gekühlt ...
... nur nicht eiskalt! So mag der Brite das Bier. Und am liebsten trinkt er es in einem der altehrwürdigen Pubs der Hauptstadt.

Südtirol

Ein Land für Genießer
Eine hohe Dichte an Sternerestaurants zeichnet Südtirol genauso aus wie urige und einfache Almhütten. Wir halten viele gute Adressen für Sie bereit!

Die Natur macht's
Viele Wellness-Anwendungen gehen auf traditionelle Hausrezepte der bäuerlichen Bevölkerung zurück. Sei es beim Bad in Schafwolle, Almheu oder in Latschenkiefern.

Nicht nur für Gipfelstürmer
Die Palette an schönen Wanderungen ganz unterschiedlicher Schwierigkeitsgrade ist riesig!

www.dumontreise.de

Lieferbare Ausgaben

DEUTSCHLAND
119 Allgäu
092 Altmühltal
105 Bayerischer Wald
180 Berlin
162 Bodensee
175 Chiemgau, Berchtesgadener Land
013 Dresden, Sächsische Schweiz
152 Eifel, Aachen
157 Elbe und Weser, Bremen
168 Franken
020 Frankfurt, Rhein-Main
112 Freiburg, Basel, Colmar
028 Hamburg
026 Hannover zwischen Harz und Heide
042 Harz
023 Leipzig, Halle, Magdeburg
131 Lüneburger Heide, Wendland
188 Mecklenburgische Seen
038 Mecklenburg-Vorpommern
033 Mosel
190 München
047 Münsterland
015 Nordseeküste Schleswig-Holstein
006 Oberbayern
161 Odenwald, Heidelberg
035 Osnabrücker Land, Emsland
002 Ostfriesland, Oldenburger Land
164 Ostseeküste Mecklenburg-Vorpommern
154 Ostseeküste Schleswig-Holstein
201 Pfalz
040 Rhein zw. Köln und Mainz
185 Rhön
186 Rügen, Usedom, Hiddensee
137 Ruhrgebiet
149 Saarland
182 Sachsen
081 Sachsen-Anhalt
117 Sauerland, Siegerland
159 Schwarzwald Norden
045 Schwarzwald Süden
018 Spreewald, Lausitz
008 Stuttgart, Schwäbische Alb
141 Sylt, Amrum, Föhr
142 Teutoburger Wald
170 Thüringen
037 Weserbergland
173 Wiesbaden, Rheingau

BENELUX
156 Amsterdam
011 Flandern, Brüssel
179 Niederlande

FRANKREICH
177 Bretagne
021 Côte d'Azur
032 Elsass
009 Frankreich Süden Okzitanien
019 Korsika
071 Normandie
001 Paris
198 Provence

GROSSBRITANNIEN/IRLAND
187 Irland
202 London
189 Schottland
030 Südengland

ITALIEN/MALTA/KROATIEN
181 Apulien, Kalabrien
017 Gardasee, Trentino
110 Golf von Neapel, Kampanien
163 Istrien, Kvarner Bucht
128 Italien, Norden
005 Kroatische Adriaküste
167 Malta
155 Oberitalienische Seen
158 Piemont, Turin
014 Rom
165 Sardinien
003 Sizilien
203 Südtirol
039 Toskana
091 Venedig, Venetien

GRIECHENLAND/ZYPERN/TÜRKEI
034 Istanbul
016 Kreta
176 Türkische Südküste, Antalya
148 Zypern

MITTEL- UND OSTEUROPA
104 Baltikum
094 Danzig, Ostsee, Masuren
169 Krakau, Breslau, Polen Süden
044 Prag
193 St. Petersburg

ÖSTERREICH/SCHWEIZ
192 Kärnten
004 Salzburger Land
196 Schweiz
144 Tirol
197 Wien

SPANIEN/PORTUGAL
043 Algarve
093 Andalusien
150 Barcelona
025 Gran Canaria, Fuerteventura, Lanzarote
172 Kanarische Inseln
199 Lissabon
124 Madeira
174 Mallorca
007 Spanien Norden, Jakobsweg
118 Teneriffa, La Palma, La Gomera , El Hierro

SKANDINAVIEN/NORDEUROPA
166 Dänemark
153 Hurtigruten
029 Island
200 Norwegen Norden
178 Norwegen Süden
151 Schweden Süden, Stockholm

LÄNDERÜBERGREIFENDE BÄNDE
123 Donau – Von der Quelle bis zur Mündung
112 Freiburg, Basel, Colmar

AUSSEREUROPÄISCHE ZIELE
183 Australien Osten, Sydney
109 Australien Süden, Westen
195 Costa Rica
024 Dubai, Abu Dhabi, VAE
160 Florida
036 Indien
027 Israel, Palästina
111 Kalifornien
031 Kanada Osten
191 Kanada Westen
171 Kuba
022 Namibia
194 Neuseeland
041 New York
184 Sri Lanka
048 Südafrika
012 Thailand
046 Vietnam